读客文化

鬼谷子

纵横术口诀

熟读这99句纵横术口诀，像纵横家一样识人攻心，无往不利！

寒川子　著

江苏凤凰文艺出版社
JIANGSU PHOENIX LITERATURE AND
ART PUBLISHING

图书在版编目（CIP）数据

鬼谷子纵横术口诀 / 寒川子著 . — 南京 : 江苏凤
凰文艺出版社 , 2022.11（2025.7 重印）
ISBN 978-7-5594-7173-4

Ⅰ . ①鬼… Ⅱ . ①寒… Ⅲ . ①纵横家②《鬼谷子》-
通俗读物 Ⅳ . ① B228-49

中国版本图书馆 CIP 数据核字 (2022) 第 171838 号

鬼谷子纵横术口诀

寒川子　著

责任编辑	丁小卉
特约编辑	周晓雁
封面设计	张王珏
责任印制	刘　巍
出版发行	江苏凤凰文艺出版社
	南京市中央路 165 号，邮编：210009
网　　址	http://www.jswenyi.com
印　　刷	河北中科印刷科技发展有限公司
开　　本	880 毫米 ×1230 毫米　1/32
印　　张	6.5
字　　数	105 千字
版　　次	2022 年 11 月第 1 版
印　　次	2025 年 7 月第 4 次印刷
标准书号	ISBN 978-7-5594-7173-4
定　　价	39.90 元

江苏凤凰文艺版图书凡印刷、装订错误，可向出版社调换，联系电话：010-87681002。

目录

炼心立身口诀 上篇.

01

圣人居天地之间，立身、御世、施教、扬声、明名也，必因事物之会，观天时之宜，因知所多所少，以此先知之，与之转化。

——《鬼谷子·忤合》

寒川子曰

这句话是《鬼谷子》一书的总纲。"立身、御世、施教、扬声、明名"是鬼谷子为纵横门弟子指明的人生之路的总目标，可称作人生理想十字诀。在这个十字诀里，鬼谷子将人生之路分为五个阶段。第一阶段是"立身"，就是学习经营人生所需的各种知识与智慧，建立人生的价值观，学习解决问题的方法论。第二阶段是"御世"，就是利用自己的"立身"所悟，驾驭或改造世人，让世人按照自己的意愿行事。第三个阶段是"施教"，就是将自己"立身、御世"的心得传授给他人。第四、第五两个阶段是前三个阶段的衍生，即在"立身、御世、施教"的过程中，发出自己的声音，传扬自己的名气，从而名垂史册，光宗耀祖。

在指明目标之后，鬼谷子又给出达成这个目标的要诀，就是"因事物之会，观天时之宜，因知所多所少，以此先知之，与之转化"。大意是说，要依循事物之间的"会（交接处）"，追踪所会的"节"，量权节与节之间的"巇（xī，即隙）"，分析巇情的"变（量变）"，在众生未知之前预知此变所可能带来的"化（质变）"，引领众生顺应天下大势，促成这个转化。

02

/ 炼心立身口诀

内以养志，外以知人。

——《鬼谷子·本经·养志法灵龟》

寒川子曰

　　志是心上生出的一颗欲望之芽，会向着某个方向生长，但想要这颗芽长大，就要设法培养它。譬如，你听到人家弹琴，觉得琴声好听，自己也产生了弹琴的欲望，这就是志。想弹琴得先有琴，设法搞到琴，就是去养这个志。琴有了，还要学习如何弹，每一次学弹琴的过程，就是养志。与弹琴相关的有指法，有乐谱，有琴的构造，有琴的材质，有音乐的旋律，等等。凡是与音乐和琴相关的知识，都得学，任何一次学习，都是在养志。

　　养志与知人是什么关系呢？观察一个人是否养其志，就知其人能否成大器。无志之人常立志。看到人家弹琴，自己也去买琴，学不过三天，觉得太难，看到筝不错，于是弃琴学筝。学了三天筝，见到笛子，又弃筝学笛，这就是不会养志。一个善于养志的人遇到一个不去养志的人，一眼就能看透，这是知人。一个不善养志的人遇到另一个不善养志的人，不仅看不透，反会觉得他与自己是同道，产生同情，这是不知人。

03

养志之始，务在安己。

——《鬼谷子·本经·养志法灵龟》

寒川子曰

志如何养呢？鬼谷子的建议是，养志要从安己做起。安为定，为静，安己就是让自己静下来，定下来。

让自己的哪一部分静下来或定下来呢？鬼谷子没有明说，但答案是显而易见的，是心。因为通篇讲的是志，志从心来，是心中欲望的萌芽。

安心就是让自己的心境平静下来，不能浮躁。要心平静，身先要安定，不要乱动，可以找个安静的地方坐下，闭目养神，完全地放松自己。身定了，心就静了，就会朝某个方向思考了，志也就得养了。

04

/ 炼心立身口诀

计谋者，存亡之枢机。

——《鬼谷子·本经·实意法螣（téng）蛇》

寒川子曰

谁都晓得计谋的重要性，因为它直接关系到事与物的生死存亡。计谋为两个元素，一是计，二是谋。

计指的是计算，或评估。计算或评估什么呢？利害与得失。谋是实现计算结果的手段，即面对计算出来的利害与得失，如何做到趋利避害，实现利益最大化。

由于计谋决定生命体的存亡，无论是动物还是植物，都将计谋视作生存法宝。无论是猎杀还是逃亡，无计谋者都会失去生存的机会。

计谋在中国文化中更是受到广泛重视，三十六计人人乐道，鬼谷子开创的纵横家流派，更是将计谋视作决定成败的第一要素。成者王侯败者寇，一部中国史，就是活脱脱一部谋略史。

05

不出户而知天下，不窥牖而见天道，不见而命，不行而至，是谓道知。

——《鬼谷子·本经·实意法螣蛇》

寒川子曰

　　"秀才不出门，便知天下事"，印证的正是鬼谷子的这句话。但仅靠读书的秀才依旧做不到鬼谷子的这句话，能够做到的是明白"道"的圣人。因为只有圣人才能做到"道知"，即通过"道"来感知天下，从而见微知著、一叶知秋。

　　"不见而命，不行而至"，指的是两种神迹，前者意思是不用看到人与事，或不亲临现场，就能够发布命令；后者意思是不用行走，就能抵达目的，也就是不用躬身去做，大功已经告成。后世有个成语，叫"运筹帷幄，决胜千里"，指的当是这个意思。

06

/ 炼心立身口诀

分威者，神之覆也。

——《鬼谷子·本经·分威法伏熊》

寒川子曰

分威就是发威。

发威似乎谁都晓得，但什么才叫发威呢？威是什么呢？相信没有几人能讲得清。

讲得清的是鬼谷子。"分威者，神之覆也"，威就是神，在现代汉语里二字通常连用，叫"神威"。所谓"发威"，就是将神"散布"开，散布到肉体上。"散"到什么程度呢？散到"覆"这个程度。覆即覆盖，也就是让神气覆盖全身。

在中医里，人有五种气，分别是"神气、志气、魂气、魄气、意气"，五气合成人的精神。在这五种气中，神气最厉害，能统领其他四气。当神气溢于表面、笼罩全身时，人就发出神威，形成强大的威势，呈现出凛然不可侵犯的样子，这就是我们常说的"威风凛凛"。

07

散势者，神之使也。

——《鬼谷子·本经·散势法鸷（zhì）鸟》

寒川子曰

分威是为了散势。

威与势是连在一起的，因为二者都与神相关，分威为神之覆，散势为神之使。

为什么要分威呢？因为遇到强敌了。譬如两只雄鸡相遇，各自抖动羽毛，扎起架势，将心中的神气全部分散到表相，现出雄赳赳、气昂昂的样子，这就是分威。

分威的目的是散势。什么叫势呢？"势"字从力，埶（yì）声，其本义是权势、势力，引申为控制力。这样的力量来自威，威又来自神气。神气在笼罩全身后，散发出威，这些威形成一股强大的杀气，就是势。两强相遇，谁的威猛，谁的势就大，谁就能震慑对手，从而使对手的势散去。

威肃内盛，推间而行之，则势散。

——《鬼谷子·本经·散势法鸷鸟》

寒川子曰

怎么散势呢？鬼谷子的秘诀是"推间"。

"间"就是隙，也叫漏洞。谁的漏洞呢？对手的漏洞或薄弱点。两雄相遇，己方的神气盛，形成强大杀气，对方看到己方杀气如此之盛，现出怯意，这个怯意就是"间"。对方心中虽有怯意，但尚未退缩，势仍不散。于是，己方进一步增加威势，使"威肃内盛"。肃为恭，为严，"威肃"即仪表庄严，凛然不可犯；"内盛"即志满意实，底气十足，如同随时准备出击的伏熊，步步进逼。由于对手内心已经产生怯意，现出"间"，己方看准这个"间"，"推间而行之"，就是顺着这个"间"发力，将对方的"间"推大，一直推到对方不堪收拾，直至"势散"。

这样的情景常见于动物世界，在雄性动物的格斗中，互相龇牙抖毛，发出吼声，现出威势，任何一方只要现出怯意，自忖不敌，就会退缩。一方退缩，另一方就会进逼，直逼到对手或掉头逃走，或躺倒现出肚皮，表示投降。

/ 炼心立身口诀

转圆者，无穷之计。

——《鬼谷子·本经·转圆法猛兽》

寒川子曰

圆动方静，圆行方止，这个简单的物理现象被广泛应用于生活实践中，形成圆术与方术，构成中国传统文化中为人处世的重要法则。具体表现在为人方面，做人要圆，做事要方；表现在处事方面，计谋要圆，执行要方。

"转圆者，无穷之计"讲的就是中国人的处事诀窍，即在处事的过程中，要采用转圆术，产生出无穷之计。无穷之计并不是没完没了地去计谋，而是指计谋的数量多，产生的思路多。

所有的计谋针对的都是"事"。事出了，就需要摆平；要摆平，就需要计谋。

"出事"指的往往是事情发展异常，内部出现巇情，需要马上处理。巇情是不断变化的，引发巇情的原因是多种多样的，因而在思考解决方案时，就要从多个角度出发，思考得越细致越好，这就需要无穷之计，提供一个尽可能完善的解决方案。

10

智略计谋，各有形容：或圆或方，或阴或阳，或吉或凶，事类不同。

——《鬼谷子·本经·转圆法猛兽》

寒川子曰

"智略计谋"是无穷的，叫无穷之计，但每一种计谋都要有所针对，因而是"各有形容"，也就是根据具体事物制定具体的应对策略。都有哪些"形容"呢？鬼谷子总结为三类，"或圆或方，或阴或阳，或吉或凶"。

三类"智略计谋"是应对不同的"事类"而给出的不同处理方案。"或圆或方"针对的是计谋的产生与执行过程；"或阴或阳"针对的是计谋的执行方式；"或吉或凶"针对的是计谋的执行结果。也就是说，计谋的产生是行圆术，要不断考虑，详尽分析，争取最全面的照顾；计谋一旦确定，就要行方术，不折不扣地执行，不可做任何改变。不同的计谋在执行的过程中，要采用不同的方式，有的要悄悄执行，即"阴"；有的要大张旗鼓地执行，即"阳"；不同的计谋要取得不同的结果，有的要求成事结果，即"吉"；有的要求败事结果，即"凶"，如行施的是离间计。

鬼谷子不愧为计谋学大师，三言两语就将所有的计谋讲尽了。

11

／炼心立身口诀

转圆者，或转而吉，或转而凶。圣人以道先知存亡，乃知转圆而从方。

——《鬼谷子·本经·转圆法猛兽》

寒川子曰

"转圆"的定义是"无穷之计"，就是不间断的计谋连环，而每一个环都是要"转"出来的。从这个意义上讲，转圆就是从一个计谋到另一个计谋之间的转化。由于计谋无穷，一环套一环，每转一环都可能出现差错，也都可能产生吉凶不同的后果。所以搞明白转圆术十分必要。

转圆术的核心是道，"圣人以道先知存亡"，就是用心去追究万类事物的根本，由其根本出发，预知其发展，再预知其未来的存亡。对整个过程了然于胸，圣人自然就晓得该在何时使用何种计谋，这就是"转圆而从方"。

"转圆而从方"就是从圆术中"转"出来，顺应方术，原原本本地实施制定好的计谋。先秦时期人们的共识是，天是圆的，地是方的。天道周行，神秘，属于神明；地道安静，踏实，属于人事。圆、方之道也就是天、人之道。事物的发展是神秘莫测的，解决难题的计谋是千变万化的，归于圆术；按照原则（制定好的计谋）做事，则归于方术。

12

/ 炼心立身口诀

事有适然，物有成败，机危之动，不可不察。

——《鬼谷子·本经·损兑法灵蓍（shī）》

寒川子曰

"适"的本义是率部出征，向前行进。"事有适然"就是事情都是向前发展的，在发展的过程中，该来的会来，该走的会走，该发生的会发生，这是事物的自然之道。

事物在向前运行的过程中，会有两种结果：一种是成，一种是败。而成与败的关键在于"机危之动"，意思是事物本来是自然地向前发展的，但在这一过程中，会有一股变的力量出现，变的力量会随着事物的发展越来越大，最终改变事物的发展方向，因而要想预测未来的吉凶，就必须去观察变的力量。所谓计谋，就是在观察到这股变的力量之后，按照己方的愿望来引导这股力量，使之达到自己所希望达到的结果。

其实，我们通常所说的"见微知著""失之毫厘，谬以千里""千里之堤，溃于蚁穴"等，指的皆是"机危之动"。在处理事情时，如何发现"机危之动"，如何尽早发现事物发展过程中的变量，防患于未然，才是制胜之道。

13

/ 炼心立身口诀

圆者，所以合语；方者，所以错事。

——《鬼谷子·本经·转圆法猛兽》

寒川子曰

《鬼谷子》是讲游说学的，将"圆方之道"用于游说学中，就是"圆者，所以合语；方者，所以错事"。

合语的大意是，让己方的言语适合彼方的心意，顺应彼方说话，将话讲圆，让彼方寻不出破绽。错通"措"，"错事"就是"做事"，就是将所制定的计谋付诸行动。

生活中，我们天天要面对他人，要与他人打交道，最需要的就是与他人打交道的这个"方圆之术"。

圆术就是做人要圆。换句话说，就是把话说圆，说美，说到对方的心坎里，这样的人八面玲珑，人缘极好。许多人不会说话，见鬼说人话，见人说鬼话，结果讨不到好不说，反而把人得罪了，甚至结作仇家。这叫不懂圆术，不会"合语"。

"方术"就是"做事"。说话可以圆，即圆滑，但做事不能圆，不可投机取巧，必须丁是丁，卯是卯，否则，就会失信于人。一旦失信于人，做人也就失败了。

14

圆者不行，方者不止，是谓大功。

——《鬼谷子·本经·损兑法灵蓍》

寒川子曰

"圆行、方止"是常理，鬼谷子将此理用于游说学时一反常理，显然有其深义。要解此义，就要回到鬼谷子的方圆术里。

鬼谷子的游说法则是，"圆者，所以合语；方者，所以错事"，即圆术用于语言交流，方术用于实际操作。

但在游说过程中，双方正在交流，对方突然起变，己方该怎么办呢？鬼谷子给出的应对方法是，及时阻止对方，让对方的圆术"不行"，让对方的方术"不止"。因为变是由对方发生的，是不利于己方的。

对方的变是通过言辞表达的，因而己方的应对方法是让对方的言辞行不通，即"圆者不行"。当对方已经确定圆术并进入实际操作的阶段时，就成为方术，即按照做事的规则或程序一步一步地推进。如果任其推进下去，结果就会不利于己方，因而己方的最佳应对方法是，让对方不按方术的套路去有板有眼地做事，也即让"方者不止"，重新回到可以变通的圆术，朝有利于己方的方向发展。

15

救拘执，穷者不忘恩也。能言者，俦善博惠；施德者，依道；而救拘执者，养使小人。

——《鬼谷子·中经》

寒川子曰

"救拘执"就是搭救处在困厄中的人。

这两句话有各自独立的逻辑。第一句说明"救拘执"的原因，是"穷者"不会忘恩，救人者可得后报。第二句分别解释三类人实施的三种善行所可能得到的回报。

三类人分别为"能言者""施德者"与"救拘执者"。"能言者"可"俦善博惠"，即广结善缘，博施恩惠；"施德者"可遵循大道；"救拘执者"可"养使小人"，即差遣被救之人。

比较起来，三类人的三种善行中，显然是"救拘执"获利更大，因为对方欠下的是一条命，是甘愿拿命回报的。《水浒传》中武松醉打蒋门神，欠的就是这样的情。虽说施恩没有救过武松的命，但在武松服刑时给予特别关照与礼遇，这份情也是够大的了。春秋时代，名士百里奚被卖作奴仆，被秦穆公用五张羊皮赎回，百里奚感恩戴德，以毕生之力助穆公成为春秋霸主之一。

16

见形为容、象体为貌者，谓爻为之生也，可以影响、形容、象貌而得之也。

——《鬼谷子·中经》

寒川子曰

这就是鬼谷子的"容貌术",也叫"观相知人术",被后来的学者发展为相面术或相术,如后世流行极广的《麻衣神相》等,喜欢相面术的要好好掌握。

有所不同的是,鬼谷子讲的是后天知人术,即通过观察对方的音容笑貌、言行举止来判断对方的内心世界,从而掌控对方的后天运相。流行于世的相面术则侧重于先天生成,推知的是个人无法掌控的先天命相。鬼谷子的容貌术在某种程度上可称作科学,而大多数相面术只能划归于玄学。

"见形为容"的大意是,一看到外形,就能推知他的容颜;"象体为貌"的意思是,模拟或描绘他的身体,就能推知他的面貌。

较难理解的是"谓爻为之生也"。"爻"为阴阳卦象,"生"为生成,这句话的大意是说,"见形为容、象体为貌术"来自于阴阳卦象。为什么来自于阴阳卦象呢?此处用的是类比法:《易》用阴阳二爻的不同排列产生卦象,以推断事物之间的演变关系;鬼谷子用爻的这种演变功能来类比"见形为容术"。"见形为容"即"见 A 知 B",这与看到爻变而知事物的演变如出一辙。

"影响""形容""象貌"指的均是对方的整体外表。"影"字随形,"响"字随声,指代的是人的"行、言"。意思是,观察影子,可知其如何动作;审听回音,可知其如何发声,其推理模式依旧是由 A 知 B。

同理,观"形"可知"容",象"体"可知"貌"。

17

/ 炼心立身口诀

闻声知音者，谓声气不同，恩爱不接。故商、角不二合，徵、羽不相配，能为四声主者，其唯宫乎？

——《鬼谷子·中经》

寒川子曰

这就是鬼谷子的"闻声知音术"。

古时将声音分为五种，宫、商、角、徵、羽，与五行、五气分别相配。听声的目的是知音，当对方的五声不合，或己方听到声的感受与对方的实际表达不一致时，己方就不能知音。如果不能知音，就不会知道对方在诉说什么，也就不能控制对方。

五气为神、魂、魄、志、意，是由上天的五行之气（火、木、金、水、土）作用于人体五脏而化生出来的。当"声"与"气"不相生时，就会相克，相冲，从而导致"恩爱不接"，双方成不了知音。

五声与五气的对应关系是：宫＝土、商＝金、角＝木、徵＝火、羽＝水。"商、角不二合，徵、羽不相配"指的是，金与木相冲，金克木，水与火相冲，水克火。因此，商声与角声混合，就会刺耳；徵、羽二声混合，就会扎心。

如何解决声与气的难题呢？鬼谷子的解术是，使用宫声。宫为土之气，可调解水火与金木之间的不合。

这个道理很重要。在双方的交流过程中，对方说话如果不着调，不管发出任何声音，己方只要使用宫声，就能安抚对方，深入对方的内心，得到对方的意，与对方结作知音。

18

/ 炼心立身口诀

解仇斗郄（xì），谓解赢微之仇；斗郄者，斗强也。强
郄既斗，称胜者，高其功，盛其势也；弱者哀其负，伤
其卑，污其名，耻其宗。故胜者闻其功势，苟进而不知
退；弱者闻哀其负，见其伤，则强大力倍，死而是也。
郄无强大，御无强大，则皆可胁而并。

——《鬼谷子·中经》

寒川子曰

这段文字堪称古代中国权谋术中最"阴损"的一术，可谓是刀刀见血，字字狠辣。使用此术的条件是，己方处在势力众多且鱼龙混杂的环境中，需要处理复杂局势，解决生存与发展的问题。

"郤"的本义是巇，即隙。"斗郤"是绕着弯说的，直白一点讲就是利用强者之间的"隙"去制约强者。

"羸微"与"强"皆是相对于己方而言的。"解仇、斗郤"为一术的两面。一面是，如果争斗的双方弱小，己方就"从而解之"，即参与争斗，以调停人身份化解仇怨。双方化敌为友，就会感恩己方，信任且听从己方。另一面是，如果争斗的双方比己方强大，己方就"从而斗之"，即尽可能地挑拨离间，让他们斗得越猛越好。

最后一句，"郤无强大，御无强大"指的是两强"斗郤"的结果，大意是说，无论多么强大的邻邦，只要"斗郤"，就不会再强大，也就失去其防御力，由"强者"变为"羸微"。而己方未动干戈，不过是费些口舌功夫，反而成为强者。对于"羸微"势力，鬼谷子的教导依然是"解仇"，即"胁而并"。由于己方已是强者，争斗后的双方由强变弱，不得不听从己方调停，受制于己方。

"解仇斗郤术"看似阴损，主旨却是"化干戈为玉帛"，是"上兵伐谋"，是"不战而屈人之兵"，值得今人效仿。

19

/ 炼心立身口诀

缀去者，谓缀己之系言，使有余思也。故接贞信者，称其行，厉其志，言为可复，会之期喜。以他人庶，引验以结往，明款款而去之。

——《鬼谷子·中经》

寒川子曰

"缀"为连缀，就是拿针缝合。缝合什么呢？己方的"系言"，就是将己方与彼方连缀在一起、从今往后互相思念（余思）的言辞。

仅从法术的名称看，此术是为送别。古时送别，要送出城，送出十里，此术宜用于在道别亭子（古称十里长亭）里做最后的话别。

然而，此术不是对谁都可以用的，要"接贞信者"，就是要连缀的须是贞信之人。"信"为持守内心，"贞"为持守天道，"贞信"之人，就是外循天道、内守本心的人，是可交之友，是可托之人。

怎么去缀呢？对方阔别己方，要奔赴的一定是美好前程。己方庙小，留不住对方，只好送至十里长亭。一路上，己方要"称其行"，赞扬对方此去是为重大事业，前景壮美，值得一搏；要"厉其志"，鼓励对方已有之志，不要轻言放弃，相信此去定能马到功成；万一不成功，则欢迎对方归来，同时要表达出对再见的期待及喜悦心情。

这还不够，在最后的分别时，己方还要引证那些在成功之后依旧"结往"的人，就是不忘旧交的人，且要讲得明明白白，不可少说，更不可不说。

文学作品中常常使用连缀术，经典案例颇多，如刘备送徐庶。在《鬼谷子的局》中，秦惠王送陈轸赴楚，亦为一例。

20

却语者，察伺短也。故言多必有数短之处，识其短，验之，动以忌讳，示以时禁。其人恐畏，然后结信，以安其心，收语盖藏而却之。无见己之所不能于多方之人。

——《鬼谷子·中经》

寒川子曰

　　"却语术"就是使用"却语"来控制他人的法术，原理是"察伺短"，就是"观察、等候（对方的）短处"。

　　如何"察伺短"呢？要听对方说话。言多必失，己方在倾听时，及时辨识对方的"失语"，并在确认为"失语"后，"动"以忌讳，"示"以时禁。在对方惊慌失措时，结以"信"，安抚对方，再使用收语掩饰自己的却术。

　　仔细思考，此术确是阴狠的。鬼谷子传授此术，针对的显然不是"贞信者"，而是"小人"或"奸佞之徒"。

　　何以这么说呢？可见于最后一句，"无见己之所不能于多方之人"，就是不要班门弄斧，在"多方之人"面前表演此术。"多方之人"指的是见多识广、目光远大、有涵养的人，也称"大方之家"或"方家"，均指业界高手。"己之所不能"，指的是自己搞不定的东西，也就是对方有短己方却不能"验之"的东西。

　　鬼谷子补充的这一句非常关键，他要求门下弟子，此术必须慎用；若用，就要看准对象，因人制宜，否则遇到高手反而受制。

　　历史上善用此术的人颇多，譬如王阳明，据传在平定宁王之乱后，他在酒楼上招待两名宦官。他赶走外人，抽走楼梯，展示一只箱子，里面装的是二宦官与叛臣宁王的往来密函。就在二人惊恐不安时，王阳明将箱子推给二人，说他从未见过这只箱子。二宦官自此受制于王阳明，处处帮他说话。

21

摄心者，谓逢好学伎术者，则为之称远，方验之道，惊以奇怪；人系其心于己，效之于人，验去，乱其前，吾归诚于己。

——《鬼谷子·中经》

寒川子曰

"摄心者"即摄心术，也叫偷心术或结心术，主要针对的是"好学伎术者"，即学有所长的人。

在展示此术时，鬼谷子似乎在表演一场动作戏，戏中精彩纷呈。

针对学有所长的人，鬼谷子的施术措施是三个步骤：一是"称远"，就是宣扬对方的特长；二是"方验"，就是用己方掌握的方术验证对方的特长；三是"惊以奇怪"，就是惊叹对方的特长，视作奇迹。

这番操作下来，对方的心被己方摄取了，觉得遇到了知己，便会以三个步骤应对，表示自谦：一是"效之于人"，就是谦称自己是有师承的，老师某某；二是"验去"，就是说自己这项技艺是得到前人验证的，切实可行；三是"乱其前"，就是我在您面前展示此技，是班门弄斧了。

三个步骤结束后，对方会进一步表达心意，表示自己心悦诚服，称人生难得一知己，您知我的心，是我的知己，我心甘情愿地接受您的差遣。

这个法术在今天仍旧可行。学有所长的人，心眼只在技术上，遇到懂他技术且理解他、肯定他的人，容易产生感动之情并与对方结作知己。士为知己者死，做技术的大多心眼实，不动其他脑筋，也不计较报酬得失，因为他们的心思都用在技术上了。

22
/ 炼心立身口诀

遭淫酒色者，为之术，音乐动之，以为必死、生日少之忧。喜以自所不见之事，终可以观漫澜之命，使有后会。

—— 《鬼谷子·中经》

寒川子曰

此句讲的仍旧是摄心术，但针对的是另一类人，"遭淫酒色者"，也就是酒色之徒。

对付这类人，鬼谷子采用"遭、为、动、以为、必死、忧"六个动作施术，再以"喜、不见、观、使、会"五个动作收术，将收服酒色之徒的全过程表述得淋漓尽致。

具体过程是：己方遇到"淫酒色者"，"为（施）"法术，用音乐打动他；在听完己方的音乐之后，对方有所感触，以为自己这样做的结局是"必死"，来日无多，于是感到忧愁。此时，己彼双方再做出五个动作，"喜、不见、观、使、会"，其过程是：己方以自所"不见"之事，"观"到漫澜之命，使对方"喜"，对方在接受"不见"之事后，也"观"到漫澜之命，于是有所觉悟。

盘点下来，这个过程很有趣，简直是一场音乐剧。

今天的酒色之徒很少懂音乐了，但在鬼谷子那个时代，知色能酒的无不是贵族，且酒色是与音乐结在一起的，在那时叫"长夜之饮"。耽于酒色最不利于健康，鬼谷子抓住这个要害施术，施术的手段是对方听得懂的音乐。音乐有两轮，第一轮乐曲演绎声色与疾病、死亡的关系，是为对方量身定制的，对方的心揪紧了，觉得自己真的命不久矣。第二轮接上，演绎的是世界的美好、生命的灿烂，如果死了，就什么都没有了，同时给出希望，现在回头还来得及。对方觉悟，决定痛改前非，并与施术者结为知己，甘愿受制。

23

守义者，谓守以人义，探其在内以合也。探心，深得其主也。从外制内，事有系，曲而随之。

——《鬼谷子·中经》

寒川子曰

　　这就是鬼谷子法术中的"守义术"了。

　　注意，鬼谷子要守的义是"人义"，不是儒家的"仁义"。"人义"指的是人之义，也就是做人所应恪守的基本道义，可称"基本人性"或"人道主义"，应该是中国最早的人本思想了。

　　守义术的核心是"探其在内以合"，大意是说，要因循"人之义"，探测对方的内在需求，通过迎合其需求来制服对方。制服的方法是"从外制内"，即通过解决外部事务来笼络对方的心。什么样的外部事务呢？"事有系"，就是系在对方心里的外部事务，如对方的心系在儿子身上，儿子在外地上学，因为逆反不听他的话，他鞭长莫及，也无能为力。怎么解决呢？鬼谷子的秘诀是"曲而随之"，就是拐个弯去满足对方。如己方派人接近其子，与其子交朋友，将其子引入正道，而这正是对方想达到的目标。对方得知这一切是己方做的，心存感激，从而与己方结作知己。

故小人比人，则左道而用之，至能败家夺国。非贤智，不能守家以义，不能守国以道。

——《鬼谷子·中经》

寒川子曰

此句讲的仍然是守义术。

守义术是鬼谷子纵横之术中最受人诟病的一术，因为此术常常被"小人"所用。对此，鬼谷子是有警示的，说"小人比人，则左道而用之，至能败家夺国"。

此处的"小人"指的是君子以外的普通人，"比"为亲近，大意是说，小人善于"亲近人"，善于从常人的欲望角度予以迎合，从而导致"人主"受制，"败家夺国"。

"败家夺国"是很严厉的措辞了，鬼谷子给出如此警示，却仍然因为传授此术而受到后世的批评，实在委屈。

有鉴于此，鬼谷子认为此术的施术人要贤智有义，否则，就"不能守家以义，不能守国以道"。实际上，鬼谷子的良苦用心总是被人忽视，"人君"被身边的"小人"运用此术拿捏的例子比比皆是，尤其是人君身边的女人、宦官与近臣、外戚等，由此导致"女人干政""外戚专权""宦官乱政"等独特的历史现象。

捭阖御世口诀

25

审定有无与其实虚，随其嗜欲以见其志意。

——《鬼谷子 · 捭阖》

寒川子曰

这句话讲的是"捭阖之道"的运用法则。

《鬼谷子》一书讲的是游说学。在游说学中，"捭阖"就是张口与闭口的学问。捭为开口说话，阖为闭口不说。

在人与人的交往中，听与说是一门学问，何时听、何时说、怎么说与说什么，都有一定的法则，这种法则就是捭阖道术。

开口与闭口的前提是审定对方的"有无"与"虚实"，也就是判断对方是否说假话，说假话为无，为虚，说真话为有，为实。通过判断有无与虚实，就可得知对方的"志意"，也就是对方的真实想法。

26

/ 捭阖御世口诀

微排其所言而捭反之，以求其实；实得其指，阖而捭之，以求其利。

——《鬼谷子·捭阖》

寒川子曰

如何去获取对方的"实"，得知对方的志意呢？

鬼谷子给出三个步骤：

第一，"微排其所言"，就是己方使用阖术，不说话，让对方说话。在听取对方发言的过程中，己方不动声色地排除对方言语中的夸大之处，判断出哪些话是假的。

第二，"而捭反之"，就是在判断出夸大的成分之后，使用捭术，开口说话，使用"钓鱼法"，钓出对方的鱼，了解对方的本意。

第三，己方顺从对方的本意，再用阖术，让对方说话，从对方的言辞中取得好处，也就是找出破绽。

在交友与谋事中，尤其是面对我们尚未熟识的人时，鬼谷子的这三个步骤值得我们借鉴。

27

/ 捭阖御世口诀

或开而示之，或阖而闭之；开而示之者，同其情也；阖而闭之者，异其诚也。可与不可，审明其计谋，以原其同异。

——《鬼谷子·捭阖》

寒川子曰

"开而示之"就是开口说话，将观点明确地告诉对方，开诚布公地表达自己的意见。"阖而闭之"反之。

什么样情况下"开而示之"呢？

在"同其情"时，就是在对方之情与己方之情保持一致的时候。如果对方的"诚意"与己方相异，己方就"阖而闭之"，不说话为上。

交流过程中，是开口还是闭口，取决于一个前提，就是己方是否搞明白了对方的真实心意，是否探清双方"志意"的异同所在。

28

捭之者，料其情也；阖之者，结其诚也。

——《鬼谷子·捭阖》

寒川子曰

这句口诀是鬼谷子对捭阖二术的具体定义。捭术的目的是得到对方的情，阖术的目的是结住对方的诚。

情来自于心，指内心的欲望，是心的外显，是要去了解的；而要了解对方的情，自己就得开口说话，实施"钓"术，如钓鱼一般，套出对方的情。

诚来自于意，指隐藏于内心深处的本愿。己方在开口"钓鱼"时，对方应对；己方听出对方讲的只是浮在外面的情，不是本愿，己方就要采用阖术，及时打住话头，换个方式去"钓"。

29

/ 捭阖御世口诀

皆见其权衡轻重，乃为之度数，圣人因而为之虑。其不
中权衡度数，圣人因而自为之虑。

——《鬼谷子·捭阖》

寒川子曰

　　运用捭阖道术时，己方必须揣量清楚对方所透露出来的情与意是否真诚，再去考虑是否为他计谋。如果揣量清楚，认定己、彼双方是志意相合的，己方就可以为对方筹谋了。经过几番捭术与阖术的运用，如果始终搞不明白对方的真实志意，无法认定双方是否志意相合，己方就不要为对方考虑，而该为自己考虑了。

　　由此可知，鬼谷子的学术与尽忠报国的儒术是不一样的。鬼谷子首先要求的是保身，士子可在保身的基础上寻求进取，赢得福利。儒术则要求士子必须为主人尽心尽力，甚至要不惜己身，舍生取义。

30

/ 捭阖御世口诀

口者，心之门户也；心者，神之主也。志意、喜欲、思虑、智谋，皆由门户出入。故关之以捭阖，制之以出入。

——《鬼谷子 · 捭阖》

寒川子曰

在游说学里，捭术与阖术都离不开"口"，因为口中有条舌头，舌头是心的代理人，心的主人是神，神的部下是志与意。用鬼谷子的话说，口是心的门户，心是神的主宰。

门户是供人出入的，口这个门户供谁出入呢？是心。与心相关的是什么呢？是神。与心、神相关的又是什么呢？是志意、喜欲、思虑、智谋等。也就是说，所有这些与心、神有关联的东西，都要经由口这个门户出入，因而管理好这个门户特别重要。

怎么管理呢？"关之以捭阖，制之以出入"，就是用捭阖道术在口上设立一道闸门，控制心神的出入。

鬼谷子在此再三强调管住口的重要性，要求弟子该开口时一定要开口，该闭口时一定要闭口。

31

/ 捭阖御世口诀

捭之者，开也，言也，阳也；阖之者，闭也，默也，阴也。

——《鬼谷子·捭阖》

寒川子曰

鬼谷子学说的核心之术是捭阖，不理解捭与阖，是搞不懂《鬼谷子》的。

什么是捭阖呢？

鬼谷子自己给出的解释是，捭是开口，是出声，是阳；阖则反之，是闭口，是缄默，是阴。

归根结底，捭与阖，就是阳与阴，阳与阴结合起来就是道，所有生命都是由道衍生出来的。

开口与闭口，是人与人的交流基础，弄懂这个概念十分重要。

32

/ 捭阖御世口诀

阴阳其和，终始其义。

——《鬼谷子·捭阖》

寒川子曰

理解这句话是读懂鬼谷子捭阖术的关键。

捭阖是讲阴阳的。阴与阳之间的关系是不停变动的。怎么变动呢？阴与阳相互交接，相互冲撞，交接与冲撞之后产生生命，阴与阳就构成驱动生命的两大内在力量，即内驱力，一个是趋向终（死）的力量，一个是趋向始（生）的力量。这两个力量一终一始，就叫"二义"。

鬼谷子的这句话化用了《老子》的学说。《老子》有载，"万物负阴以抱阳，冲气以为和"。意思是说，道生出阴阳二气，阴气在上，阳气在下，阴气下沉，阳气上升，二气冲撞到一起，就产生和气，万物是一团和气生出来的。

阴阳二气有何属性呢？阴气主杀，阳气主生，阴气主终，阳气主始。这就是鬼谷子所谓的"阴阳其和，终始其义"。

这是一个强大的逻辑。在此逻辑下，事物内部凡是主生的力量，都叫阳；凡是主杀的力量，都叫阴。生为始，杀为终，凡是主始的力量，都叫阳；凡是主终的力量，都叫阴。阳为捭，阴为阖，凡是主始的力量，都叫捭；凡是主终的力量，都叫阖。这就叫作"终始其义"。

33

/ 捭阖御世口诀

与阳言者，依崇高；与阴言者，依卑小。

——《鬼谷子·捭阖》

寒川子曰

　　这是鬼谷子捭阖术中的著名法则。阳为生，为活，为成功；阴为杀，为死，为失败。无论做任何事情，要么成功，要么失败。向成功方向游说，就叫"与阳言"，也就是去玉成好事；向失败方向游说，就叫"与阴言"，也就是去坏人家的事。

　　任何事物都有好的一面与不好的一面，这叫一分为二。玉成好事的原则是"崇高"，净拣该事中好的一面去说。坏事的原则是"卑小"，谈不好的一面，不值得一提的东西，也就是挑毛病，将这事儿的所有毛病及可能引发的恶果全点出来，吓住对方，让对方紧急叫停。

34

/ 捭阖御世口诀

益损、去就、倍反，皆以阴阳御其事。

——《鬼谷子·捭阖》

寒川子曰

益损、去就、倍反是我们在生活中常常使用的三种关系。

"益损"就是得失，"去就"就是走与留，"倍反"就是叛离与回归。

捭阖道术是鬼谷子赐教的御世学术。御世就是驾驭世界，而要驾驭世界，仅凭个人之力是做不到的，需要助手，就是志同道合的"贵人"，而"捭阖（阳阴）"就是如何寻找贵人的道术。

要找的人是否能成为贵人，取决于他与自己志意是否相合。相合与不相合，直接决定"益损、去就与倍反"。二人的志意相合了，就会有利益，就会有合作，即使分开了，也能回头再合作。反之，二人的志意不相合，就会有损失，就会彼此远离，就会一去不回头。

鬼谷子的志意，现在我们叫作三观（价值观、世界观、人生观）。三观相同了，双方就能够成为朋友，互为贵人，合伙做事。三观不相同，肯定是不能一起走到终点的。

35

反以观往，覆以验来；反以知古，覆以知今；反以知彼，覆以知己。

——《**鬼谷子·反应**》

寒川子曰

这句话其实就是今天我们所说的"观往验来""鉴古知今""知彼知己"。这三句话是鬼谷子的反应术的三个目标。反应术就是"钓鱼术",就是在对话过程中设法从对方的口中钓到自己想要的东西,也叫设套,套出自己想要的话。

反以观往,就是己方使用反术(钓术),以审察对方曾经说过的话;覆以验来,就是对方受钓后做出回应,己方根据这些回应,对未来做出预判,再施钓术,等待对方的反应以验证这个预判。

反以知古,就是通过钓术来了解对方的过去;覆以知今,就是通过对方的回应来审察他现在的心态。

反以知彼,就是通过反术,了解对手志意;再通过覆术,审视己方志意,看二者是否存在差距。

36

言有象，事有比，其有象比，以观其次。象者象其事，
比者比其辞也，以无形求有声。

——《鬼谷子·反应》

寒川子曰

　　"言有象……"两句讲述"象"与"比"的概念，意思是，出言就要使用"象"的手段，陈事就要使用"比"的手段，因为使用"象"与"比"可以观察出对方心情的变化。

　　"象、比"其实就是今天我们常说的修辞手法，比喻法与类比法。

　　"象"是事物的外貌；"象其事"，指的是用恰当的形象来比喻对方的心事。"比"指的是类比法，就是依据对方的言辞找出相同的事类，作为应对。

　　无论是使用"象"还是使用"比"，都是"以无形求有声"，也就是在交流中，己方出言，施展钓术，目的是钓到对方藏于心底的鱼（真实的志意）。"无形"为阳体，阳为捭，捭即出言。"有声"为阴体，阴为阖，阖为静默，指的是对方迟迟不肯说出的东西（志意）。

37

/ 捭阖御世口诀

其钓语合事，得人实也。

——《鬼谷子·反应》

寒川子曰

这一句是反应术的必守秘诀。

反应术就是"钓鱼术"，就是在己彼双方的交流过程中使用套话，从对方口中套出自己想要的话。这个套话如何说，也就是如何下钩，就至关重要了。

钩是己方设套的言辞。光有一个钩是钓不到鱼的，钩上必须有饵，这个饵就是象、比，就是在说话时要使用比喻和类比等修辞手法。钩与饵要配合得严密，也就是把话说美，说圆，说得好听，说得滴水不漏，这就叫"合事"。合事就是符合事物的情理，听起来是对的，没毛病。用这样的手段去钓鱼，鱼就上钩了，己方也就"得人实"了。

38

其不言，无比，乃为之变，以象动之，以报其心，见其
情，随而牧之。

——《鬼谷子·反应》

寒川子曰

这句话讲的是在交流过程中出现意外情况时该怎么办。

钩下了，但对方一直不咬钩，就是一直不肯出言，或出言了，但言语中没有可用于类比的东西，拿他毫无办法，交流陷入僵局，这时，己方就得考虑变化。

怎么变化呢？变个象，就是换个能够让对方动心的比喻。这一次，对方的心动了，有情意出口。此时，己方要"随而牧之"，就是依从对方的情，像放牧一样掌控对方。己方不断地使用钓术，变换象、比，彼方不断地释放出情意，几个来回之后，基本上就能钓出对方迟迟不肯说的隐情了。

39

善反听者，乃变鬼神以得其情。

——《鬼谷子·反应》

寒川子曰

倾听——这是反应术的要害，也是我们在交流中总是掌握不了的秘诀。

交流的核心是倾听，而不是诉说。换句话说，在钓鱼过程中，重要的不是如何下钩，而是在鱼咬钩之后，如何将钓钩拉上来。鱼咬钩之后，通常不能急，不能一下子就拉上来，而是要慢慢地遛鱼，让鱼线拖着鱼一直走，然后再慢慢收竿，将鱼钓出。

遛鱼的过程就是倾听的过程，鬼谷子称作"反听"，就是要翻来覆去地听。己方下钩，对方出情，己方听后，根据对方所出之情变换"比"术，诱使对方吐出更多的情，己方再听……如此反复倾听的过程，就是反听。游说过程中，己方如果善于反听，就能如鬼神一般出入于对方的心海，得到对方的真情实意。

40

同声相呼，实理同归。

——《鬼谷子·反应》

寒川子曰

　　此理出自《易经》中的乾卦，原文是"同声相应，同气相求。水流湿，火就燥"。大意是说，声音相同就会产生共鸣，气味相同就会相互融合。此理用于生活，就是"物以类聚，人以群分"这个常识。

　　鬼谷子的取意是"因其理，同其情"，就是与人交往，要依循对方的心理，怀有与对方的情相同的情，否则就不能与对方"情投意合"。趣味不相投，就不合《易经》的理，也就不合天道的理。

　　逆道必挫。

41

故用此者，已欲平静以听其辞，察其事，论万物，别雄雌。虽非其事，见微知类。

——《鬼谷子·反应》

寒川子曰

在使用反听术时，己方的内心必须平静，必须波澜不惊，否则就不能"听其辞，察其事，论万物，别雄雌"，也就做不到"见微知类"。

"见微知类"的另一个表达是"一叶知秋"。一叶为"象"，与"秋"本无关系。然而，秋风起，树叶抗不过寒意，从树上掉落。叶落于春夏是偶然，落于秋为常态，因而秋天与落叶就产生某种关联。智者在判断秋天时，不必去审看所有树叶是否落下，观察一叶就够了。用"一叶落"类比，得出"秋天到"的结果，就是类比法，用作类比的这片叶子，就是"象"。

与此相关联的还有许多成语，如见微知著、睹始知终、一斑见豹……

42

/ 捭阖御世口诀

故知之始己，自知而后知人也。

——《鬼谷子·反应》

寒川子曰

自知与知人，是个很大的话题。

诸子百家的学问多是讨论人际关系的。人际关系纷繁复杂，归纳起来无非有两种，一是知人，二是知己。

在百家学术中，最擅长处理二者关系的共有四家，一是道家，二是儒家，三是纵横家，四是兵家，四家各有解读。儒家认为"知者自知，仁者自爱"，语出于儒圣孔子；道家认为"知人者智，自知者明"，语出于道圣老子；兵家认为"知彼知己者，百战不殆"，语出于兵圣孙子；纵横家认为"自知而后知人"，语出于鬼谷子。

比较四家的鼻祖，孔子强调的只是一方，"自知"，不强调知人；其他三家鼻祖的认知是相同的，既强调自知，也强调知人，其差别在于：老子认为知人是智，自知是明，二者的角度不同；孙子认为二者有个先后，知彼在前，知己在后；鬼谷子则反过来，认为自知在前，知人在后。

从这个点去区别四家学问，既有趣，也有意义。

43

如阴与阳，如圆与方，未见形，圆以道之；既见形，方
以事之。

——《鬼谷子·反应》

寒川子曰

这句话讲的是在双方交流中，己方在知己之后如何知彼并搞定对方的过程。

"未见形"，就是对方不说话。己方的应策是"圆以道之"，就是使用圆滑的言辞去迎合对方，导出对方尚未出现的"形"（阳），也就是使用钓语，让对方说话。"既见形，方以事之"是说，如果对方的情意已显出（阳出来了），鱼被钓到，己方就可采用"方"的策略，不必再去迎合，直接按照早已谋定的方针（原则）行事，该怎么办就怎么办。

44 / 捭阖御世口诀

己不先定，牧人不正，事用不巧，是谓忘情失道。

——《鬼谷子·反应》

寒川子曰

这句话强调的是在交流过程中己方之心"先定"的重要性。如果己方的心"不定",乱动,就会导致两个结果,一个是"牧人不正",即控场的方向走偏,另一个是"事用不巧",即钓鱼方式不当。

游说走到这一步就是完败,究其原因,鬼谷子给出四字,叫"忘情失道",意思是说,之所以钓不到对方的情,是因为失去了道,没有用对法术。为什么会这样呢?因为己心没有做到先定。

鬼谷子再次告诫我们,在谈判或交流的过程中,己方保持内心镇定的重要性。内心镇定的前提条件是自信,自信又来自于知己,这就是为什么鬼谷子要强调"知己而后知人"。

45

/ 捭阖御世口诀

君臣、上下之事，有远而亲，近而疏，就之不用，去之反求，日进前而不御，遥闻声而相思。

——《鬼谷子·内揵①》

---

① 内揵：以游说和策谋的方式与国君建立亲密、稳固的关系。

寒川子曰

古往今来，"君臣、上下之事"都是大问题。

儒家的一大原创理论是将繁纷复杂的人际关系归纳为三种类型，一种是父子关系，一种是夫妻关系，还有一种就是君臣关系。

思来想去，在中国人真正的人际关系中，自古迄今，还真没有超越这三种关系的。

三种人际关系中，父子构成血亲关系，夫妻构成裙带关系，但血亲也好，裙带也罢，充其量只占人这一生所处理的与他人关系的一个小角落，人生的大部分时间，都不可避免地要面对第三种关系，即君臣关系。

君臣关系有狭义与广义两种，狭义是指君与臣，广义则指上与下的层级关系。儒家伦理单指君臣一种，其他划分为长幼、兄弟、师徒等，让人眼花缭乱。鬼谷子仅用两个字——"上下"，就已全部概括。

君臣、上下关系也是最难处理的人际关系。相对于君或上级来说，臣与下级都是弱者，当然也是游说者。如何处理与君、上级的关系，是臣子与下级不得不面临的课题。

要处理上下级关系，就要先搞明白这些关系。于是，鬼谷子为我们列出了君臣或上下级关系中普遍存在的六大错位现象：一、"远而亲"，即关系远，实际亲；二、"近而疏"，看似近，实际远；三、"就之不用"，投靠了，未得任用；四、"去之反求"，离开了，反被追求；五、"日进前而不御"，有些人天天表现自己却不被重视；六、"遥闻声而相思"，有些人的名声只是被远远听到一点，就让人想念不已。

46

/ 捭阖御世口诀

事皆有内揵，素结本始，或结以道德，或结以党友，或结以财货，或结以采色。

——《鬼谷子·内揵》

寒川子曰

针对"君臣、上下"错位的六种关系，鬼谷子给出的应对措施是平时就与君王结"本始"。换言之，错位的六种关系之所以会产生，是因为"臣、下"没有"结"到"君、上"的"本始"。

"本始"就是心。

注意，对于心，鬼谷子用的词是"结"。"结"的本义是用绳索将兵器束扎、固定在兵器架上，使之结牢、不动，其目的是不生战事，大吉大利。

鬼谷子为什么要用这个"结"字呢？因为人的心里有情，情是动的，是游移不定的，是瞬息万变的。对于"情"，必须用绳索结牢，使之不动。由于君或上级的心是游移不定的，己方别无良策，只有将之结牢。

结到哪儿呢？结到自己的心上，也就是说，"结"必须"交"，"交"了就"合"了。当己方的心与君或上级的心"结"到一起、"交"在一处，就是心心相印。两颗心印在一起了，也就结实了，不动了。

怎么去结君或上级的心呢？

鬼谷子认为应因人制宜，针对四种不同人性，给出四种"结"法：对仁者结以道德，对义者结以党友，对贪者结以财物，对不肖者结以声色犬马。

47

欲说者，务隐度；计事者，务循顺。

——《鬼谷子·内揵》

寒川子曰

这句话讲的是游说（交流）过程中己方必须遵循的基本原则，是从另一个角度讲解"圆方"之道。

在游说（钓鱼）的过程中，己方要行圆术，把话说美，讲圆，也就是用饵将钓钩完美地掩饰起来，使对方看不出任何破绽，搞不清自己的真实意图。"计事"即出谋献策以解决困扰对方的难题，而出谋献策的前提是顺从对方的意愿，这就得行施方术，即自己的计谋必须不折不扣地顺应对方的心愿。否则，对方不满意，你的计谋再好也是白搭。

48

/ 捭阖御世口诀

言往者，先顺辞也；说来者，以变言也。

——《鬼谷子·内揵》

寒川子曰

这句话讲的是，在游说过程中己方必须讲究方式方法。鬼谷子给出的原则是，凡是涉及对方过去的事情，要顺着说，肯定对方的正确性；凡是涉及未来的事情，要考虑未来变化的各种可能性，提出让对方耳目一新的独特见解。

49

见其谋事，知其志意。事有不合者，有所未知也。合而
不结者，阳亲而阴疏。事有不合者，圣人不为谋也。

——《鬼谷子·内揵》

寒川子曰

这段话讲的是如何通过分析法来推测并判断对方的实意所在，其方式是详细审察对方过去一段时间的所作所为。

按照这样的判断行事，可能出现两种结果：一是判断失误，对方过去的行为与现在的志意并不一致；二是判断正确，但在己方根据判断"进言辞"后，对方无动于衷。

原因何在呢？鬼谷子认为，两种结果的原因皆在己方，前者（事有不合）是因为己方对对方的过去了解得不够详细，还存在未知信息；后者是因为己方与彼方的关系是"阳亲而阴疏"，看起来亲，实则疏远，对方并不真正相信己方，二人的心没有结牢。

对于己方来说，两种情况都是致命的。怎么办呢？鬼谷子没有明说，但他举出圣人的例子，认为在"事有不合"时，也就是己方尚未将对方的底细摸透之前，圣人是不会出谋的。

切记，在己彼双方的心尚未结牢时，不可以谋大事。

50

故圣人立事，以此先知而捷万物，由夫道德、仁义、礼乐、忠信计谋，先取《诗》《书》，混说损益，议论去就。

——《鬼谷子·内揵》

寒川子曰

　　这几句话是鬼谷子在传经送宝，教授门下弟子学习如何"立事"，也就是如何建立自己的事业。

　　鬼谷子没有直接指导，而是拿圣人说事儿，讲述"立事"的方法与过程：要想成就一番事业，首先要找到有可能帮助自己的潜在贵人，而后运用捭阖道术套出他的心意，与他结作一心。在套取潜在贵人的心意时，要从道德、仁义、礼乐、忠信等角度切入，引用《诗》《书》等典籍，糅入得与失。如果他的心意与自己相合，就与他合作，协力谋事。如果不相合，就设法离开。

　　鬼谷子的这个观点很适合当下。无论是择偶还是合伙做事，双方志意相合是基本条件，志同道合是成就一切事业的基础。否则，即使结婚也过不好日子，即使合伙也做不成生意。

51

策而无失计，立功建德，治名入产业，曰捷而内合。上暗不治，下乱不寤，捷而反之；内自得而外不留，说而飞之。若命自来，己迎而御之。若欲去之，因危与之，环转因化，莫知所为。退为大仪。

——《鬼谷子·内揵》

寒川子曰

这一段话讲的是成就事业的过程中可能遇到的三种情势。

第一种情势是，如果所进的谋略得到拟合作的人肯定，双方志意相合，己方就可撸起袖子大干一番，由此"立功建德"；第二种情势是"上暗下乱"，所选的合伙人毛病颇多，但不是不可改正，己方也可选择留下，协助合伙人改掉毛病，协力谋事；最后一种情势是，如果拟合作的人自以为是（内自得）、刚愎自用又听不进任何建议（外不留），这就没办法合作了，弄不好还得把自己搭进去，最好的办法是迅速脱身，走为上。

人生短暂，谁都想干出丰功伟业。然而，事业越大，就越不是一个人的事。选好可合作的贵人，是决定人生成败的关键。男怕入错行，女怕嫁错郎，讲的正是这个理。入错行就是跟错人。对于初入社会的人来说，无论进入哪一行，都得有贵人相助。

52

/ 捭阖御世口诀

物有自然，事有合离。有近而不可见，有远而可知。近而不可见者，不察其辞也，远而可知者，反往以验来也。

——《鬼谷子·抵巇》

寒川子曰

此段讲的是"物"与"事"的不同属性。

"物"是天成的，有其天然属性；事是人为的，有其人为属性。物的属性是天道，天道就是"自然"；人的属性是缘分，缘分就是"合离"。天然的物体有聚有散，人事的缘分有合有离。无论是物体还是人事，散与离都是从裂缝开始的，这个裂缝叫巇。

鬼谷子捭阖道术中的重要一术叫抵巇术，就是把已出现的裂缝塞上。

人与人之间的巇有两种，一种是"近而不可见"，另一种是"远而可知"。

为什么会"近而不可见"呢？因为己方没有审察对方的言辞。为什么没有审察呢？因为距离太近了，天天见，天天听，也就习以为常了。为什么会"远而可知"呢？因为己方认真研究对方的过往言行，熟知他为人处世的方式，由此能够预判他的未来行为。

两相比较起来，前者的巇显然要大于后者，堵塞它的难度也就大于后者。鬼谷子这是在提醒我们，越是对身边的人，越是要研究。否则，即使是枕边人，也可能同床异梦。

53

/ 捭阖御世口诀

巇始有朕（zhèn）①，可抵而塞，可抵而却，可抵而息，可抵而匿，可抵而得，此谓抵巇之理也。

——《鬼谷子·抵巇》

---

① 朕：征兆，迹象。

寒川子曰

世道混乱，说明天下出巇了，但巇情尚未大到不堪收拾的地步，是可以堵塞的。针对不同的巇情，鬼谷子给出五种不同的修补方案，也就是五种抵（塞）法，分别是"塞、却、息、匿、得"。

在这五种抵法中，前四种针对的是较小的巇情，是可塞的，最后一种，针对的是过大的巇情，是无法塞的。当天下之巇塞无可塞时，鬼谷子的主张是"得"，也就是扩大其巇，使之崩塌，重建一个新的天下。因此，虽说是五种情况，实际上只有两种，一种是可塞的巇，一种是不可塞的巇。

鬼谷子的抵巇术也可应用在今天的日常生活中。譬如，两口子过日子，如果对方的毛病尚可容忍，双边关系可以修补，那就尽力修补，实在无法补，还是分手为好。合伙做事也是，能够塞的巇情，尽量塞，实在塞不了，就散伙，另开炉灶。

54 / 捭阖御世口诀

事之危也，圣人知之，独保其身，因化说事，通达计谋，以识细微。

——《鬼谷子·抵巇》

寒川子曰

发现衅情后，我们该怎么办呢？

鬼谷子再拿圣人说事儿，说圣人连干三件事，一是"知之"，二是"独保其身，因化说事"，三是"通达计谋，以识细微"。

这三个动作是一气呵成的。圣人先知先觉，感受力强，率先"知之"，也就是发现衅情。然后，在"独保其身"的前提下，依据衅情的"化（变化）"分析出衅情的发展方向，之后是"通达计谋，以识细微"，即筹策划谋，辨识细微征兆，设法堵塞。

用于现代日常生活，就是在双方或双边关系出现问题时，找出问题的根源。鬼谷子告诫我们的是，找到问题后，首先要保护自己，即明哲保身。在保障自身利益的前提下，分析产生问题的根源，筹划解决问题的良策。

经起于秋毫之末，挥之于太山之本。其施外，兆萌牙
櫱（niè）①之谋，皆由抵巇。

——《鬼谷子·抵巇》

---

① 牙櫱：植物的嫩芽，比喻萌发坏事的因素。櫱，同"蘖"

寒川子曰

"经起于秋毫之末，挥之于太山之本"是鬼谷子留给后世的一句名言。大意是，即使动摇大山根本的巇，在刚出现时也不过是一条细小的缝，与"千里之堤，毁于蚁穴"的意思大体相同。要注明的是，"经"指的是织布机上的"经线"，在织布时，纬线是要沿经线由头向尾织起，所以，"经起于"就等于"起始于"。"挥"为"散发""舞动""摇动"，此处可作"动摇"解。"太"为大，"太山之本"指的是大山的根基。

后一句是鬼谷子的告诫，发现问题后，一定要从细微处入手，从问题的本源处入手，万不可等到局面不堪收拾再去实施"抵术"。我们今天说防微杜渐、防患于未然，指的就是这个意思。

56

天下纷错，士无明主，公侯无道德，则小人谗贼，贤人不用，圣人窜匿，贪利诈伪者作，君臣相惑，土崩瓦解而相伐射，父子离散，乖乱反目，是谓萌芽巇罅（xià）。

——《鬼谷子·抵巇》

寒川子曰

抵巇就是防微杜渐，可以抵的巇情被鬼谷子称作"萌芽巇罅"。什么样的巇情算是"萌芽巇罅"呢？

鬼谷子遂以天下为例，为我们拉出一个可抵之巇的清单，又为我们详细解析了产生这些巇情的前因与后果。"天下纷错，士无明主，公侯无道德"是前因，"小人谗贼，贤人不用，圣人窜匿，贪利诈伪者作，君臣相惑，土崩瓦解而相伐射，父子离散，乖乱反目"是后果。

在前因里，"天下纷错"是状态，指天子乏力，"士无明主"指士子寻不到可辅之主，"公侯无道德"指诸侯皆不足以成就大事。上述三因指的皆是"上昧"，就是上梁不正。上昧是社会动乱的根源，也是巇情的本因，之后的"小人谗贼……"等，皆为恶果，可叫"下暗"。在所有的恶果中，"小人谗贼"位列第一。"小人"得以"谗贼"，前因是君或上级昏昧失智，后果是"贤人不用，圣人窜匿，贪利诈伪者作，君臣相惑，土崩瓦解而相伐射，父子离散，乖乱反目"。

所有这些，在鬼谷子眼里都是可用抵术去"塞"的"萌芽巇罅"，可以用捭阖法术轻松处理的，都算不得大事。

115

57

自天地之合离，终始必有巇隙，不可不察也，察之以捭阖。

——《鬼谷子·抵巇》

寒川子曰

万事万物皆有生死与始终，"巇"是推动死与终的力量。审察巇情的大小，就是观察事物的终结势力，为万事万物挑出毛病，而观察的法术是捭阖之道。

抵巇术是鬼谷子捭阖道法里的核心法术。天下之巇，由圣人去抵。人与人之间的巇，就得由自己去抵。人是利己的。在人与人的相处中，无论是交友，还是合伙做生意，或联合做其他事业，所有的人都想在双边关系中占尽上风，掌握并控制对方。控制对手的重要手法，就是找出对手的巇，也就是挑出对手的毛病，针对此巇下手。巇为终结的力量，对手的毛病自然也是对手的死穴。打蛇打七寸，七寸即蛇的死穴。一旦掌握对手的死穴所在，控制对手就是轻而易举的事。

58

立势而制事，必先察同异，别是非之语，见内外之辞，知有无之数，决安危之计，定亲疏之事，然后乃权量之。

——《鬼谷子·飞箝（qián）》

寒川子曰

在选择合伙人时，己方通常面临两类人，第一类是各方面的资源都比己方多的人，如君或上级；第二类是各方面的资源都比己方少的人，如正在寻觅机会的士子。于己方来说，无论是上级还是下级，都是能够帮助自己的贵人，都需要施加控制，好让他心甘情愿地协助自己实现目标。

所引的这句话针对的是下级，也就是己方在得到权柄后，如何招贤纳士，让他们充当自己的助手，协助自己实现对上级的承诺。

社会上不缺人才，关键是如何物色。物色的手法是权与量，即度量他的特长或资源。权量的手段是"察同异"，也就是审察对方是否与自己情投意合。

怎么去察这个"同异"呢？鬼谷子的秘诀是从"是非、内外、有无、安危、亲疏"五个方面去考察对方的整体素质。考察他关于是与非的言论，可知他的价值观所在；考察他关于情志的言论，可知他的志意所在；考察他关于阴阳的言论，可知他的道术深浅；考察他关于安危的言论，可知他的勇力大小；考察他的交友状态，可知他的沟通与喜好。

五个方面考察完毕，己方就可判断对方是否可用，而判断的唯一标准是，对方的志意是否与自己的志意相合。合则用，不合则弃。

59

/ 捭阖御世口诀

其有隐括，乃可征，乃可求，乃可用，引钩箝之辞，飞而箝之。

——《鬼谷子·飞箝》

寒川子曰

"隐括"是一种可以矫正竹木使其弯曲的器具。对于匠人来说，凡是不符合需求的竹木，如过直、过弯等，都是有毛病的，需要使用"隐括"予以矫正。

为什么要选用适合矫正的人呢？

因为不适合矫正的人是不能用的。想想看，己方得到重用，要做一番人生大业，苦于势单力孤，这才向四方招揽人才。然而，既为人才，就有其志。如果其志不与己合，己方又难以矫正其志，双方做不到志同，道怎么能合呢？道不合，怎么能共谋大事、共成大业呢？

问题是，怎么矫正他呢？

鬼谷子的施教是九个字，"引钩箝之辞，飞而箝之"，就是使用让对方飞到天上的言辞，在对方飘飘欲仙、不知姓甚名谁时，突然施以一击，让他由高空跌落，从而完成制服。

说白了，钩箝之辞，其实就是拍马屁。关于拍马屁，自古迄今，从朝堂到民间，是人人皆知、司空见惯的"艺术"。

/ 捭阖御世口诀

钩箝之语，其说辞也，乍同乍异。

——《鬼谷子·飞箝》

寒川子曰

钩箝之语就是飞箝言辞，使用这类言辞的要领是"乍同乍异"。"乍"字表示时间的短暂，"同"与"异"表示态度的变化。

飞箝术的秘诀在于变化无常，变化的两个极是"同"与"异"。"同"为"合"，"异"为"不合"。大意是说，在听取对方抒情时，己方要不断地表示肯定或否定，也就是不能一直肯定，也不能一直否定，要在肯定与否定之间不断切换，使对方始终吃不透自己的态度。

这个秘诀的关键在于如何控场。在交流的过程中，对方是来应聘的，处于劣势，为乙方；己方是招聘方，处于优势，为甲方。对方夸夸其谈，竭力表达自己各方面的能耐，己方"乍同乍异"，也就是一会儿吹捧他，一会儿打击他，对方吃不透己方的态度，心里没底，渐渐就失去自信，甘受控制了。

61

其不可善者，或先征之而后重累；或先重以累，而后毁
之；或以重累为毁，或以毁为重累。

——《鬼谷子·飞箝》

寒川子曰

此句针对的是不可"隐括"的人，也就是"不可善者"。"不可善"就是棘手，不好对付，原因是其志与己志不同，且对方几乎没有毛病，无法使用"隐括"予以矫正。对付这样的人，鬼谷子给出的秘诀是，"或先征之而后重累；或先重以累，而后毁之；或以重累为毁，或以毁为重累"。

这儿的关键词是"重累"，二字取自于先秦逸诗，"将欲毁之，必重累之；将欲踣之，必高举之"，引自于《吕氏春秋》中的《恃君览·行论》，大意是讲"捧杀术"的危害。《鬼谷子》转借于此，因为此诗的意境与他所讲述的"飞箝术"如出一辙。

"重"为重复，"累"字指的是去田里次数太多，引发疲劳，其引申义为"多次，屡次"，如"累赘"。"重"与"累"结合，就是不厌其烦地使用言辞。

使用什么言辞呢？"将欲毁之"的言辞，也就是"毁人"的言辞，如毁谤、诽谤之言等。由于此诗的下半句是"将欲踣之，必高举之"，说的是要撂倒某人，就先把他高高举起。"必重累之"的意思就不是诽谤了，而是其反义，即鬼谷子所讲的"飞辞"，也就是拍马屁的言辞。

搞明白了"重累"，整句话就不难理解，大意是：己方可通过扬（夸大）其所长，反衬其不足；或通过指出其不足，反衬其所长，且反复使用此术，直至完成征服。

62

其用或称财货、琦玮、珠玉、璧帛、采色以事之，或量能立势以钩之，或伺候见涧而箝之，其事用抵巇。

——《鬼谷子·飞箝》

寒川子曰

"飞"的目的是"箝","重累"的目的是"征服"。怎么征服他呢？鬼谷子的招数是使用"箝术"。

怎么使用"箝术"呢？鬼谷子用三个"或"字句给出了答案。

第一个"或"，"称财货、琦玮、珠玉、璧帛、采色以事之"，就是用金银财宝、美色来收买人心。注意"或"后的"称"字，意思是称量，就是针对各人的偏爱，使用不同的财货、采色方式来投其所好。

第二个"或"，"量能立势以钩之"，就是根据他的特长，授他以权柄，让他主持事务，使他有"知遇"之感。

第三个"或"，"伺候见涧而箝之，其事用抵巇"，就是耐心等待，逮住他的致命弱处，箝其弱处完成制服。

上述三大招数，其一是以财色收买，其二是以权势收买，其三是握其短处来要挟。

通观三招，招招皆狠。前面两招，财与色是己方给的，权与势也是己方给的，对方如果用得爽，离不开，就不敢背叛己方，就得受己方所箝。第三招最狠，直接握住对方的命根子，对方想不服从也难。

63

将欲用之于天下，必度权量能，见天时之盛衰，制地形之广狭，岨崄（qū xiǎn）之难易，人民货财之多少，诸侯之交孰亲孰疏，孰爱孰憎，心意之虑怀，审其意，知其所好恶，乃就说其所重，以飞箝之辞，钩其所好，以箝求之。

——《鬼谷子·飞箝》

寒川子曰

飞箝术也叫控制术，有两个大用，一个是用于天下，控制诸侯，第二个是用于人际关系，控制他人。"用之于天下"时，列国众多，公侯林立，选择可辅的明君是最大的难点，此段讲的正是选择明主的法术与程序。

"己方"首先要"度权量能"，即度量所选中诸侯的"权"与"能"，看他是否英明，是否有潜力争夺天下。度、量从"天时、地利、人和"三个硬条件入手，因而己方要"见天时之盛衰""制地形之广狭，岨崄之难易""人民货财之多少，诸侯之交孰亲孰疏，孰爱孰憎，心意之虑怀"。

在所有的考量内容中，鬼谷子最看重的是所选国君的"心意之虑怀"，因而要求己方"审其意，知其所好恶"，因为对方的志意是否与自己的志意相合才是决定去留的关键。待一切度量完毕，己方就可针对"其所重，以飞箝之辞，钩起所好，以箝求之"，就是有的放矢，针对他的"好恶"施出必中之击，一招箝服。

日常生活中，我们在交友与选择合伙人时，这种方式值得借鉴。

64 / 捭阖御世口诀

用之于人，则量智慧，权材力，料气势，为之枢机，以迎之，随之，以箝和之，以意宣之。

——《鬼谷子·飞箝》

寒川子曰

飞箝术能用于人际关系是《鬼谷子》广受追捧的原因之一，毕竟无论是谁，都要面对并处理与他人的人际关系。

"用之于人"与"用之于君"不同，"用之于君"时，己方处于弱势地位；"用之于人"时，己方与对方在尊卑关系上是平等的，甚至还略略占优，己方处于相对的控制地位，是对话的主导者。

并不是人人都有机会"用之于君"，因而大部分人学习《鬼谷子》是为"用之于人"。《鬼谷子》是知人术，知人是为制人，制人重在飞箝术，"用之于人"时，控制对手的力度要远远大于"用之于君"。

"用之于人"时，也是先"量权"，否则不能知彼，不能制服。鬼谷子给出的量权范围涉及三个方面，"智慧、材力、气势"，全部是个人素质。量智慧就是测试他的内在悟力，权材力是测试他的做事能力，料气势是测试他的精气神。

如果三个方面完全符合要求，己方就可以"为之枢机"，也就是向他施术了。施术过程是四个动作，"迎之，随之，以箝和之，以意宣之"。大意是说，无论他讲什么，都迎合他、随顺他，在他飘飘欲仙时击其要害，在完成钳制后，再向他讲出自己的真实目的，邀请他加入自己的阵营。完成以上动作后，对方自然口服心服，甘愿为己方效力。

65

/ 捭阖御世口诀

凡趋合倍反，计有适合；化转环属，各有形势；反覆相求，因事为制。

——《鬼谷子·忤合》

寒川子曰

《忤合篇》是《鬼谷子》一书中最重要的一篇，因为它讲的是择人术。捭阖道术中无论有多少手段，目的都是为了找到能够合伙的"贵人"，共同干大事。天下人数以万计，不知有多少适合己方的贵人，确定选择谁或背离谁，这就是"忤合术"的作用。

选错主子或选错合伙人，搭进去的不仅是心血与汗水，还可能是自己的性命。鬼谷子对此极为重视，"计有适合"，可视作他老人家的谆谆告诫，就是必须认真计谋，不要轻率，只在"适合"时才做出决断。

怎么去计谋呢？

鬼谷子给出的方案是，"化转环属，各有形势；反覆相求，因事为制"。意思是说，无论是忤（离开）还是合（合作），都是"化转"。化转什么呢？是"环属"，"环"为"连环"，"环属"为构成连环的所有部件。因为连环是环与环连接在一起的，是个环链。

鬼谷子显然不是讲连环的，而是以连环为象，比喻忤合术。

连环之象是环环相扣、首尾相连的，因而看不出首尾何在。忤与合就如连环的首尾部件，任何一个化转与变换，都要因循各自的形势。忤有忤的形势，合有合的形势，无论是离开还是留下来与对方合作，己方都要根据具体的事态做选择。

现实生活中，选择合伙人真的是个大难题。交友不慎，受伤的永远是自己。婚姻更甚，因为己方要搭进去的不只是当下的种种，还有一生的福祉。而决定一生福祉的，正是最初的选择。

66 / 捭阖御世口诀

世无常贵，事无常师。

——《鬼谷子·忤合》

寒川子曰

这一句是鬼谷子的名言，也是忤合术的价值观。

鬼谷子认为，世间万事万物都是不断变化的。人中有贵（可以助己），事中有师（可引以为戒），但没有哪个人能一直是"贵人"，也没有哪件事能一直被后世效仿，这是常识。

这个认识十分重要，但总是被人忽视。鬼谷子追求的是"圣人之道"，而圣人无不是标新立异的人，无不是特立独行的人，无不是有独到见解的人，无不是建立制度、制定规则的人。这与儒家的君子之道是不一样的。君子之道追求的是往圣之学，赞美的是三圣、周公与孔孟，凡是他们说的，都是好的，凡是他们做的，都是对的，后世之人不敢有任何反驳。

67

其术也，用之于天下，必量天下而与之；用之于国，必量国而与之；用之于家，必量家而与之；用之于身，必量身材能气势而与之。

——《鬼谷子·忤合》

寒川子曰

　　这段话解的是"忤合术"的使用范围，共有四种情况：一是"用之于天下"，二是"用之于国"，三是"用之于家"，四是"用之于身"。四种情况对应四类人，分别是王、公侯、大夫及拥有其他资源的人，如才能等。一旦选定合作方，己方可为对方：谋天下，助其成就王业；谋国，助其成就霸业；谋家，助其成就家业；谋身，助其安泰无虞。而己方所能得到的回报是己方所需的权势、金钱、地位与才能。上述情况中的任何一种，目的都是双赢，任何一方的单赢都是合作的失败。

　　无论选择与何人合作，己方的选择方法依旧是"权量"，即"权量"对方的外情与内情：于天下，"量天下而与之"；于国，"量国而与之"；于家，"量家而与之"；于身，"量身而与之"。选择的标准为"合适"，也就是我们前面讲过的第六十五句口诀中的"计有适合"。

/ 捭阖御世口诀

非至圣达奥，不能御世；非劳心苦思，不能原事；不悉心见情，不能成名；材质不惠，不能用兵；忠实无真，不能知人。

——《鬼谷子·忤合》

寒川子曰

这段话是对整个捭阖御世法术的总结。大意是说，捭阖御世法术不是谁想学就能学到的，因为它是"圣人"之学。

鬼谷子使用五个排比句列出修炼"捭阖之道"所要具备的自身素质。五个排比句是对"捭阖御世法术"的践行者提出的素质要求，主要为五个方面，分别是"品级、用心、投入、智力、诚意"。任何一个方面达不到要求，都难以承担与"贵人"相"合"之后所应承担的五大相应使命：不"达奥"者，不足以"御世"；不"夺思"者，不能"原事"；不"见情"者，不能"成名"（得到功名）；材质凡凡者，不能"用兵"；缺乏真诚者，不能"知人"。

总而言之，"没有金钢钻，不揽瓷器活"，否则，就会殃及自身。

古之善用天下者，必量天下之权，而揣诸侯之情。量权
不审，不知强弱轻重之称；揣情不审，不知隐匿变化之
动静。

——《鬼谷子·揣》

寒川子曰

鬼谷子的"捭阖之道"，堪称是为人处世的成功之道。鬼谷子将这条成功之道称作"御世"，就是驾驭世界。驾驭世界是个过程，鬼谷子将这个过程分解为五个步骤，分别是"揣、摩、权、谋、决"。鬼谷子用五篇文章对每一个步骤予以讲解，文章的篇名就是这五个字。这两句话为《揣》篇的开句。

"揣"即"测"，就是"权、量"。鬼谷子认为，善于经营天下的人，首先要做两件事：一是"量天下之权"，就是掂量"天下的轻重"；二是"揣诸侯之情"，就是揣测诸侯隐藏的志意，也就是难言之隐。

为什么要做这两件事呢？后面跟着的一句是原因。己方如果不去掂量天下的轻重，就不可能知道天下的巇情所在，也就无法对天下的局势做出判断。己方对天下的局势做出判断了，也选好可以辅佐的君主了，但如果不去揣测对方的隐情，就无法与对方达成共识，也就无法制服对方，结不成同盟。没有资源可借，己方也只能是空有抱负，一生虚度。

鬼谷子提出的这两件事对我们选择合伙人也是一种指导。在选择合伙人之前，一要先查清楚对方有何资源，这些资源是否是自己必需的；二要弄明白对方的志意所在，看是否与自己的志意相合。两条中的任何一条失误，都会直接影响合伙的结果。

何谓量权？曰：度于大小，谋于众寡。称货财有无之数，料人民多少，饶乏有余不足几何；辨地形之险易，孰利孰害；谋虑孰长孰短；揆君臣之亲疏，孰贤孰不肖；与宾客之智慧，孰少孰多；观天时之祸福，孰吉孰凶；诸侯之交，孰用孰不用；百姓之心，去就变化，孰安孰危，孰好孰憎，反侧孰辩。

——《鬼谷子·揣》

寒川子曰

这段话阐述的是"量权"的方法，我们可以比照借鉴。

"曰"的人是鬼谷子。"度于大小，谋于众寡"，是从两个方面概括量权的范围，一个是大小，一个是众寡。两个方面针对的皆是外情，是看得见、摸得着、量得出、数得清的，己方需要做的只是去核查它。

"度"与"谋"的内容包含九大领域，分别是"货财、人民、地形、谋虑、君臣、宾客、天时、邦交、民心"，都是可以用"大小"与"众寡"进行计量的。

"称货财有无之数"指的是己方所要衡量的邦国的财税收入；"料人民多少、饶乏，有余、不足几何"，指的是该邦国的百姓状况；"辨地形之险易，孰利孰害"指的是该邦国的地理形势，要查清详细的利与害指标；"谋虑孰长孰短"指的是该国已经制定或推行的战略与战术政策；"揆君臣之亲疏，孰贤孰不肖"，指的是调研该国的君臣亲疏关系，谁受重用，谁受排挤等；"与宾客之智慧，孰少孰多"指的是该国君臣供养的幕僚人员，也就是智囊团；"观天时之祸福，孰吉孰凶"指的是天象与时序，要求己方以此推断未来的吉凶祸福；"诸侯之交，孰用孰不用"指的是该国的邦交关系；"百姓之心，去就变化，孰安孰危，孰好孰憎，反侧孰辩"指的是民心向背。

查明上述九个方面的详情，叫"量权"对方的外情。用今天的话来说，就是盘查合伙人的方方面面，在决定合作之前，盘查得越清楚越好。否则，任何疏漏，都可能影响后续合作的进程与结果。

71

揣情者，必以其甚喜之时，往而极其欲也，其有欲也，不能隐其情；必以其甚惧之时，往而极其恶也，其有恶也，不能隐其情。

——《鬼谷子·揣》

寒川子曰

这段话讲的是揣情的秘诀。

揣情其实就是鬼谷子在反应术中提到的钓鱼，钓出对方心中的意。钓鱼必须选择时机，鬼谷子建议的良机有两个，其一是"其甚喜之时"，其二是"其甚惧之时"。注意鬼谷子的用词，对方只是"甚喜"或"甚惧"，也就是，有喜，但没有喜极，有惧，但没有惧极。己方选择这样的时机去进言，目的就是激发对方的情绪，使对方由喜甚到喜极，由惧甚到惧极。人在喜极时，就会得意忘形，啥话都说。人在惧极之时，就会生出玉石俱焚的恶念，也是啥话都说。添油加醋、火上浇油、雪上加霜等词，都是这一口诀在日常生活中的应用。

72

情欲必出其变，感动而不知其变者，乃且错其人，勿与语而更问其所亲，知其所安。

——《鬼谷子·揣》

寒川子曰

这句秘诀是接应上句的。"情欲必出其变"指的是，在己方"极其欲"的攻势下，对方心中如果有情欲，就会产生变化。

然而，对方虽然被感动，但内心仍然没有产生变化，怎么办呢？

鬼谷子再次给出秘诀，"错其人，勿与语，而更问其所亲"，就是将他晾在一边，不去理睬他，转而向他所亲近的人打探。经过打探，己方于是"知其所安"，就是晓得他真正关切的是什么了。

在日常生活中，这种手法也是常用的，旁敲侧击、声东击西、迂回包抄等，讲的就是这个秘诀。

73

微摩之，以其所欲，测而探之，内符必应。其所应也，必有为之。故微而去之，是谓塞窌（jiào）、匿端、隐貌、逃情，而人不知，故能成其事而无患。

——《鬼谷子·摩》

寒川子曰

鬼谷子御世法术的内核只有二字，得情。从《反应》到《内揵》，再到《揣》，鬼谷子翻来覆去阐述的，皆是"得情"。人有千种，情有万变，得情是天下最繁杂的事，仅用几术无法言尽。在《揣》篇里，鬼谷子施教揣术得情的两大契机，一是极喜之时，二是极惧之时，因为人们大多会在喜极或惧极时"情不自禁"。问题是，人们通常很难喜极与惧极，守候时机这般揣情，需要极大的耐心。对于守候不到极端时机的游说者，鬼谷子写出《摩》篇，教游说者利用"摩"术的温柔抚弄，让被游说方在己方无微不至的体贴中越来越舒服，于不知不觉中敞开心门，放出隐情。

揣、摩为鬼谷子最重要的得情法术。揣的是情，摩的是意。情是小鱼，浮于表面，是可以钓出来的，钓鱼的动作总体是粗暴的，所以用揣字。意是大鱼，是潜在水底的，钓不出来，所以用摩字。摩为按摩，就是轻轻地揉，如同挠痒痒。首先得弄明白对方哪儿痒，这在揣情的过程中已经探到了。如果还不够精确，就先挠一下试试。如果对方表情舒服，就说明挠对了，在这个位置上继续挠。痒痒是越挠越痒的，对方越痒，己方越挠，对方心里舒服，就会吐出真情。

行施摩术的关键是"隐"，就是悄悄干活，不暴露意图。这段话里有两个"微"字，讲的就是这意思。微是小，小就容易隐藏。要"隐"到什么程度呢？"人不知"，即天知、地知、我知，其他任何人都不可知，由此达到"成其事而无患"，就是不留后患。

74 / 捭阖御世口诀

圣人谋之于阴，故曰神；成之于阳，故曰明。

——《鬼谷子·摩》

寒川子曰

这是鬼谷子的千古金句，也是中国文化史上最常用的"阴谋"一词的由来。

"谋之于阴"中的"阴"，指的是"暗处，隐蔽处"。也就是说，要悄悄谋事，暗中运筹，不为任何人所知。由于无人知晓，在成功之后，别人就会认为成事之人是"神"。"成之于阳"与"谋之于阴"是相对的，指的是圣人在谋定之后，要推行谋略时，就要正大光明，要宣扬到人人皆知。

谋必须阴，不阴不叫谋。鬼谷子认为，阴谋是由圣人实施的，君子与小人（庶民）不会用阴谋。君子与小人是推行阴谋的人，是"成之于阳"。圣人在谋定之后，君子与小人是执行的人。

从这个意义上说，"阴谋"不是贬义词，是货真价实的褒义词，是"非圣人莫能为也"的高智商手段，是寻常人无法掌握的成功秘诀。

75

所谓主事日成者，积德也，而民安之，不知其所以利；
积善也，民道之不知其所以然，而天下比之神明也。

——《鬼谷子·摩》

寒川子曰

这句话是对"阴谋"一词的解读,圣人为什么会"主事日成而人不知"呢?因为圣人使用的计谋没有人提前知道,是"阴谋"。这样的阴谋为何被大家称赞为神明呢?因为圣人通过阴谋实现了两个目标,一个是"积德",一个是"积善"。

如何理解圣人通过阴谋以实现积德与积善的目标呢?我们以礼乐为例。在远古,礼乐是维护社会秩序的利器,但这样的利器怎么为民众接受呢?圣人是不能大讲治乱的,即使讲了,天下也没人肯听。圣人大讲的是天、地、神、鬼的好处,这是大家都能看见也理解的,因而认可圣人所讲。此时,圣人提出祭天、敬神、礼鬼,就不会有人反对。祭天要有天子来做,祭地要由诸侯来做,祭鬼要由各家来做,大家也就慢慢认可了。于是,敬畏与礼制就产生了。所有人心存敬畏,安于礼制,天下也就无人生事了,圣人的真正意愿,"国泰民安",也就悄无声息地实现了。这个过程与目的就是积善与积德。

76

/ 捭阖御世口诀

谋莫难于周密，说莫难于悉听，事莫难于必成。此三者，唯圣人然后能任之。

——《鬼谷子·摩》

寒川子曰

"周密""悉听"与"必成"是行施摩术的过程中最难越过的三道大坎。

这三道大坎可以视作摩术行施的"谋、说、事"三个阶段:第一是谋,筹谋阶段;第二是说,实施阶段;第三是事,成事阶段。

第一阶段中的"周密"有两个含义,一是周,二是密。"周"即周到,面面俱到,滴水不漏,不留死角;"密"即严实,严密,不漏任何风声。"谋莫难于周密"是说在筹谋阶段,最难做到的是周和密,要求实施者考虑好任何细节,严守秘密,对任何人不能吐露,自己也不露出任何蛛丝马迹。

第二阶段的难点在于"悉听"。所谓"悉听"就是己方的志意被对方全部听从,因为费尽心思去"摩"对方的意,为的就是最后的"悉听"。如果对方没有悉听,譬如只听从一部分,或完全不听从,于己方就是失败。

第三阶段的难点在于"必成"。什么必成?事。什么事呢?就是己方达成游说目标的这个事。譬如,圣人倡导礼乐的目标是国泰民安,这是不能讲的,讲了大家会觉得这是难以实现的,是痴心妄想,就不会听从了。但通过大讲天地鬼神,让百姓渐渐产生敬畏之情,主动维护礼乐制度,天下自然就太平了。

"此三者,唯圣人然后能任之",鬼谷子在叹喟成就三事之难,认为寻常人是无法实现的,能够全部实现的只有圣人。所以,摩术是得情的最高阶段,不是谁想摩就能摩的。

77

谋必欲周密，必择其所与通者说也，故曰，或结而无隙也。夫事成必合于数，故曰，道、数与时相偶者也。说者听，必合于情，故曰，情合者听。

——《鬼谷子·摩》

寒川子曰

针对上条摩术的三道大坎，鬼谷子给出了成功的秘诀。

第一道坎的秘诀是两个"必"字，一是筹谋必须周密，二是必须准确选择与己方志意相通的人，否则，双方就不会心心相印，"结而无隙"。

对于后面的两道坎，鬼谷子颠倒顺序，将"事成"提到"悉听"前面，给出"事成"的秘诀，是三个字，道、数、时。也就是说，要想谋事成功，就得善用捭阖之道，精通事物之数理，选准机缘，三者缺一不可。

针对最后一道坎的"悉听"，鬼谷子给出的秘诀是"必合于情"，也就是己方的言辞要合于对方的隐情，讲到对方的心坎上。

鬼谷子的摩意术秘诀，在日常交流中十分重要，尤其是最后一句，"情合者听"。无论何人，但凡要讲给人听，就要切合实际去讲，要接地气，否则，空洞的话没有人愿听。今天社会上一些人讲话时无视巇情，无视听众，空话、套话连篇累牍，离鬼谷子的教导越来越远，最终的混乱是不可避免的。

78

佞言者，谄而干忠；谀言者，博而干智；平言者，决而干勇；戚言者，权而干信；静言者，反而干胜。

——《鬼谷子·权》

寒川子曰

在鬼谷子成功学"揣、摩、权、谋、决"的五个阶段中，"权"为中间一环。"权"为"权衡"，要权衡的东西是言辞。

鬼谷子将言辞分为五种，即"佞言、谀言、平言、戚言、静言"，然后分别指出它们的目的："佞言"是为取"忠"，"谀言"是为取"智"，"平言"是为取"勇"，"戚言"是为取"信"，"静言"是为取"胜"。

在交流中如何才能取得"忠、智、勇、信、胜"呢？鬼谷子给出的秘诀是："佞言"，以"谄"的方式曲意逢迎；"谀言"，以"博"的方式左右卖弄；"平言"，以"决"的方式直白以告；"戚言"，以"权"的方式斟词酌句；"静言"，以"反"的方式让他闭口。

在处理人与人的关系时，如何说话、将话说到什么程度是门精深的艺术，将言辞这般分门别类地应用于不同场合，堪称是鬼谷子的发明。不过，也正是因为这几句话，几千年来鬼谷子广受诟病，被认为是在为奸佞之徒支招。其实，鬼谷子讲的不过是说话的方式，是所有人都要面对的。当对方爱听佞言时，己方若是直言以告，交流就进行不下去了。当对方一直在胡说八道，蛮不讲理，己方若是使用佞言，对方就会越来越离谱，己方不堪烦扰，唯一的办法就是使用静言，让他闭口。

79

无目者，不可以示以五色；无耳者，不可告以五音。故
不可以往者，无所开之也；不可以来者，无所受之也。

——《鬼谷子·权》

寒川子曰

　　"无目者""无耳者"指的不是眼瞎、耳聋之人，而是眼与耳不起作用，眼辨不明事理、耳听不出话音之人。也就是说，无论己方使用什么手段，对方既看不明白，也听不清楚，怎么"点"都不"破"。

　　这样的人就是孔夫子所说的"朽木不可雕也"，鬼谷子给出的秘诀是，即刻走人，离他越远越好。

故曰辞言有五：曰病、曰恐、曰忧、曰怒、曰喜。病者，感衰气而不神也；恐者，肠绝而无主也；忧者，闭塞而不泄也；怒者，妄动而不治也；喜者，宣散而无要也。此五者，精则用之，利则行之。

——《鬼谷子·权》

寒川子曰

鬼谷子建议弟子在游说过程中大胆使用五种言辞，也就是"佞言、谀言、平言、戚言、静言"，又列出五种禁忌语言，叫"病言、恐言、忧言、怒言、喜言"，要弟子们尽量避开。

鬼谷子为什么不建议使用这五种语言呢？因为这五种语言一旦说出口，就会让对方产生极不愉快的感觉。病言让人昏昏欲睡，打不起精神；恐言让人惊惧绝望，六神无主；忧言让人郁闷闭塞，无法排解；怒言让人轻举妄动，不堪收拾；喜言让人情意涣散，丧失主见。

对这五种言辞，鬼谷子要求慎用，但也并不反对使用。鬼谷子的使用秘诀是"精则用之，利则行之"，就是可以在两种条件下使用。一种是"精"，就是己方擅长使用时可用；一种是"利"，就是在有利于己方的情势下使用。

81

/ 捭阖御世口诀

与智者言，依于博；与博者言，依于辨；与辨者言，依于要；与贵者言，依于势；与富者言，依于高；与贫者言，依于利；与贱者言，依于谦；与勇者言，依于敢；与愚者言，依于锐。此其术也，而人常反之。

——《鬼谷子·权》

寒川子曰

游说是为了制服对手，制服的手段是言辞。人是不同的，各有各的情，各有各的性，要完成制服，就要因人而异。鬼谷子将游说对象分作"智者、博者、辩者、贵者、富者、贫者、卑者、勇者、愚者"九类，给出的统一秘诀是"避长击短"。

九类人的"长短"如下：博者的长处是博，短处是辩；辩者的长处是辩，短处是要；贵者的长处是贵，短处是势；富者的长处是富，短处是高；贫者的长处是贫，短处是利；贱者的长处是贱，短处是谦；勇者的长处是勇，短处是敢；愚者的长处是愚，短处是锐。

这里的长处与短处分别指的是对方的"外"与"内"，其逻辑是，对方展现给人的是长处，不愿意展现的一定是短处，而这个短处正是他心中的"隐意"。己方如果针对他的"隐意"游说，他是无法抗拒的。

譬如，"与贫者言，依于利"。贫者展现于外的是贫，贫是他的长处，但没有谁安于贫困，对方的本意一定是改变现状，脱贫致富，而致富正是贫者的短处。己方针对他的短处，与他讨论如何赚钱，就会正中对方下怀，"制服"他是分分钟的事。制服其他八类人的道理是一样的。

给出制服秘诀后，鬼谷子感慨说，"此其术也，而人常反之"，就是世人总是反其道而行，即以己之长对彼之长：与勇者谈勇，与辩者论辩，与贵者说贵，与富者讲富，与贫者道贫，与贱者论贱，与智者谈智，与愚者说愚。这样交流，就将游说变成辩论了，双方只能越辩论越上火，己方就无法完成"制服"了。

82

/ 捭阖御世口诀

为人凡谋有道，必得其所因，以求其情；审得其情，乃立三仪；三仪者：曰上，曰中，曰下，参以立焉，以生奇。

——《鬼谷子·谋》

寒川子曰

这是鬼谷子给出的"设谋"秘诀。鬼谷子认为，所有的"谋"都要遵守一个法则，即"得其所因，以求其情"，就是取得所谋之事的"因"与"情"。

在得到"因、情"之后，"谋术"进入下一阶段。"立三仪"，就是订立"上、中、下"三策，也就是给出三种解决方案，以适应事物的不同发展趋势和对方的愿景。立过"三仪"之后，己方的下一步是确立最佳方案，也就是比较"上、中、下"三种方案，做出一个不同于"三仪"的全新方案。这个全新方案可以叫奇谋，因为它不同于之前常规的上、中、下三谋。

我们可以列出一个鬼谷子筹策设谋的过程清单：对方出事了，需要己方设谋，设谋的秘诀是，先找出事发的原因，再求出巇情的严重程度，而后订立上、中、下三套应对方案，比较三套方案，得出奇谋。

生活中，我们总会遇到各种各样的问题，所有的问题都叫事，设谋就是给出解决问题的方案。弄明白鬼谷子的设谋过程，将有助于我们分析并解决现实问题。

83

变生事，事生谋，谋生计，计生议，议生说，说生进，进生退，退生制，因以制于事。

——《鬼谷子·谋》

寒川子曰

成功的定义是顺利完成某件事。鬼谷子讲的是游说学，游说学的成功就是征服彼方，使他成为己方的贵人。在游说这件事上，鬼谷子列出一个成功制服彼方的闭环，共有九个环节："变、事、谋、计、议、说、进、退、制"。

在这个闭环里，"变"是第一个环。"变"从"节"来，"节"是物体两部分之间的连接处，如竹木之间的关节。无论是物体还是人事，内部都有关节，关节里有缝隙，"变"就从缝隙里生出，"事"又从"变"里生出。我们常说"不好，出事了"，指的就是"节"中出变，生出事来了（变生事）。

"出事"了，当事人（彼方）忧急如焚，迫切需要解决方案，于是己方登场，查找出"事"的原因，筹谋解决的方案（事生谋）；要出谋就得定计划（谋生计）；要定计划就得议论（计生议）；要议论就得权衡言辞（议生说）；言辞确定后就要向当事人进言（说生进）；进言之前得想好退路（进生退）；退路定下，己方有恃无恐，于是入宫觐见，完成对彼方的制服（退生制）。至此，己方完成"谋事"成功的全部过程，形成一个完整闭环。

明白鬼谷子设计的这个闭环十分重要。日常生活中，如果我们在谋事时没有成功，就可套用这个闭环，找出失误发生在哪一个环节，从中汲取教训。

84

夫仁人轻货，不可诱以利，可使出费；勇士轻难，不可惧以患，可使据危；智者达于数，明于理，不可欺以不诚，可示以道理，可使立功；是三才也。愚者易蔽也，不肖者易惧也，贪者易诱也，是因事而裁之。

——《鬼谷子·谋》

寒川子曰

这段话是鬼谷子的用人秘诀。人以类分，招揽不同种类的人才，要用不同种类的谋术。儒家将人才分作三类，称为仁、智、勇三才，但世人多为偏才，很少有人同时具备三才，因而鬼谷子主张因才施术，针对不同的才施以不同的制服计谋。

仁即爱，有爱的人不会计较财物，鬼谷子的制服手段是"可使出费"，就是让他们掏钱，因为他们可以为仁爱而不惜代价。对于有勇的人，"可使据危"，就是让他们从事有风险的事务，因为他们无惧；对于有智的人，"可使立功"，就是让他们参与劳心费脑的复杂事务，因为他们明理，是可以说服的。

与君子三才相对的是小人三才，分别为愚者、不肖者、贪者。"小人"指的不是奸诈之徒，而是与"君子"的品性相对的人，在人品方面有某些缺陷。现实生活中，很少有人同时具备这三才，因而也可以视作三类人。

针对"小人三才"，鬼谷子的谋用秘诀是，用"蔽"来谋用愚者（不智），用"惧"来谋用不肖者（不仁），用"利"来谋用贪者（不勇），如何谋用及用这些人做什么，要看具体事项。

在鬼谷子眼里，是人都有才，是才都有用，没有不可用之人，也没有不可用之才。要想成就大事，就须从用人开始，用人的原则是，用其所长，制其所短。换言之，就是谋用他的才华，再用他的软肋（短）控制他。

85

/ 捭阖御世口诀

事贵制人，而不贵见制于人。制人者，握权也；见制于
人者，制命也。

——《鬼谷子·谋》

寒川子曰

谋术的基本原则是制人，而不是受制于人。

在寻找贵人合作的过程中，利益可以共享，但命运一定要握在自己手里。无论是自己的命运，还是对方的命运，皆如此。

86

/ 捭阖御世口诀

摩而恐之，高而动之；微而证之，符而应之；拥而塞
之，乱而惑之；是谓计谋。

——《鬼谷子·谋》

寒川子曰

在游说学中，使用计谋是为征服对方。如何使用计谋完成征服？鬼谷子给出的秘诀为以下三种方式：

第一种方式是，用飞术拔高对方，让他站立不稳，而后用摩术动摇他，让他产生恐惧，依赖己方，完成控制。

第二种方式是，观察对方的表现，找出并确定对方的症结所在，而后用摩术切入对方的心，悄无声息地点出这个隐患的危害性。对方在症结被验证之后，就会自然地受控于己方。

第三种方式是，扰乱对方的耳目，让对方始终处在迷惑的状态中，同时堵塞他的其他言道，完成独家控制。

纵观中华历史，这三套手法是否熟悉？尤其是最后一种方式，仔细一想，令人胆寒。

87

/ 捭阖御世口诀

圣人所以能成其事者有五：有以阳德之者，有以阴贼之者，有以信诚之者，有以蔽匿之者，有以平素之者。阳励于一言，阴励于二言。

——《鬼谷子·决》

寒川子曰

处理事务的五个阶段中，"决"是最后一个阶段，也是最重要的一个阶段，因为任何阴谋，只有经过决断才可实施。针对如何决断，鬼谷子列出五种法术，分别是"阳德、阴贼、信诚、蔽匿、平素"。这些法术被分作三类，其中的"平素"为中性，其他四术，"阳德、信诚"称作阳术，"阴贼、蔽匿"称作阴术。

三类法术在实施中各有秘诀：如果采用阳术（阳德、信诚）决策，就要光明磊落，表里如一，"一言"定音，不能有内外两种说法；如果采用阴术（阴贼、蔽匿）决策，针对的往往是摆不上台面的事情，就得"二言"，就是阴一套、阳一套。阳一套是说给对方听的，让对方容易接受；阴一套是己方的目的，是暂时不可言的。

中性的一类是"平素"，用以枢机。枢机是处理日常事务的机构，如历代朝廷的各类枢要机构、军机处等，现在的中办、省级办公厅、其他部门如秘书处等，都叫枢机。枢机决断的是日常事务，所以用"平素"决术，就是既不使用阳术，也不使用阴术，如汉初的"萧规曹随"等，就是按照成例实施决断。

/ 捭阖御世口诀

凡决物必托于疑者，善其用福，恶其有患。善，至于诱也，终无惑，偏有利焉。

——《鬼谷子·决》

寒川子曰

第一句讲产生决断的原因与决断的重要性。大意是说，凡是决断，都是因为对所定谋略怀有疑虑；善用决断，就会有福报；决断不善，就会麻烦不断。后面一句较难理解，大意是说，善于决断的人不受眼前之利的左右，因而能够看到远景，不会"惑"。由于善于决断的人看到的是远处更大的利益，结果反而是"偏有利焉"。

鬼谷子的这两句秘诀至关重要。现在生活中，我们总是面临选择。诗人弗洛斯特有一首诗，叫《未选择的路》，说是诗人走到一片森林时，面前现出两条路，走的人都不多，但其中一条更少些。诗人选的是更少人走过的那条路。人生漫长，诗人前行的过程中肯定面临更多的选择。若干年之后，诗人回想起树林边的这次选择，大为感慨。如果当初选的是另一条，人生的结果可能会呈现出另一种模式。

面对选择时，我们应该怎么做呢？记住鬼谷子的秘诀，"至于诱也"。

以正治乱，决成败，难为者。故先王乃用蓍龟者，以自决也。

——《鬼谷子·决》

寒川子曰

"以正治乱"就是拨乱反正，指的是社会由于一系列错误操作而遇到重大危机，需要否定前面的操作，回到正确轨道，因而是事关社会未来的重大决策。

遇到重大决策，由于这一决策涉及未来的安危与成败，要做出决断是很难的。

所谓决断，就是面临两项或多项选择时的最后选择，一般原则是，两害相权取其轻，两利相权取其重。

如果利害参半，就会无所适从。这时该怎么办呢？鬼谷子的秘诀是，用"蓍龟"，即占卜，听从天意，自己不要去做选择。天意就是自然，"以自决也"不是自己去决断，而是让事物的本身（自然）去决断，让道去决断，因为"人法地，地法天，天法道，道法自然"。

求签问卦的行为之所以长盛不衰，不是没有道理的。

循道施教口诀

持枢，谓春生、夏长、秋收、冬藏，天之正也，不可干而逆之。逆之者，虽成必败。故人君亦有天枢，生、养、成、藏，亦复不可干而逆之，逆之者，虽盛必衰。此天道，人君之大纲也。

——《鬼谷子·持枢》

寒川子曰

《持枢》是《鬼谷子》一书中有名的一篇，流传下来的只有这几行字。不过，有这几行字已经够了，因为它表达的是完整的意思，是对天道（万事万物的发展过程）的总结。

鬼谷子的捭阖道术针对的是游说人，这段话却是写给君主或被游说人听的。面对游说人说得天花乱坠般、一招更比一招狠的捭阖法术，鬼谷子给君主或被游说人传授的秘诀是，无论风云如何变幻，只管内心持枢，如如不动。枢为门的中轴，门可开来关去，枢是不会移动的。

鬼谷子要求持的这个"枢"是什么呢？是"天之正"。上天万象无不正，鬼谷子要求持守的是上天的哪一个象呢？时序，也就是春夏秋冬。天道有常，时序守信，上天就以时序来约束万物，使春生、夏长、秋收、冬藏。

"生、长、收、藏"就是"生、长、老、死"，就是所有事物的始与终，就是阴与阳，就是道。

持枢，就是循道。无论何人，顺道则生，逆道则亡。

/ 循道施教口诀

安徐正静，其被节无不肉。善与而不静，虚心平意，以待倾损。右主位。

——《鬼谷子·符言》

寒川子曰

《符言》也是鬼谷子讲给被游说者（君主）听的，共有九主，这是第一主，主"位"。

"安徐正静，其被节无不肉"讲的是主位者的仪态，大意是说，君主入坐主席之位，神态须"安"，举止须"徐"，仪容须"正"，心气须"静"。只要做到上述四态，主位者就能心平气和，身体关节无处不放松，充满祥和之气。

君主正襟危坐于主席之位，下面就该有陪坐的人，也就是职司不同、风格各异的臣子。跟后一句的五个动作，可以视作君臣之间的互动。君主"善与"，臣子"不静"，君主"虚心平意"，以待臣属的"倾损"。

这一句很有意思，其实也道尽了两千多年来的帝王御臣术。"善与"就是善于给予，就是放权给臣属治理政事。臣属受权，于是"不静"，不同派系之间为如何处置政务及利益"起争"。君主"虚心平意"，不喜不怒，如如不动，静观臣属。臣属在争执中相互倾轧，窘态百出，正邪自现，皆等君主做出最后的裁决。

92

/ 循道施教口诀

目贵明，耳贵聪，心贵智。以天下之目视者，则无不见；以天下之耳听者，则无不闻；以天下之心思虑者，则无不知。辐辏并进，则明不可塞。右主明。

——《鬼谷子·符言》

寒川子曰

这一节主"明"，讲的是如何观察天下臣属的动态。君主治政，必须做到"明"。中国两千多年的历史中，受到赞扬的全部是"明"君。

君主要"明"，就要效法日月，将光亮发散给治下的臣民，也就是了解属民的各种动态与诉求，如他们的喜怒哀乐、生老病死等。如果了解不充分，就会留下死角，就是"不明"。

君主要做到明，就要掌握明的工具，耳、目、心，即耳聪、目明，心智。这三个主明的工具人人都有，但居位不同，要求也不同。君主居于君位，是要光照天下的，因而鬼谷子对君主的"明"提出明确要求，即"以天下之目视""以天下之耳听""以天下之心思虑"，也即胸怀天下，不能有自己的小九九，小格局，必须有大局思维，弈出大棋。而实现明的手段，是君臣之间的沟通。

日常生活中，我们也要做到明，而要做到明，就要读万卷书，行万里路，外加阅人无数。否则，格局就会小，就弈不出大棋局。

德之术，曰，勿坚而拒之。许之则防守，拒之则闭塞。
高山仰之可极，深渊度之可测，神明之位德术正静，其
莫之极。右主德。

——《鬼谷子·符言》

寒川子曰

这一节主"德"。德用于人治，主要目的是关怀臣民。德术尚柔不尚刚，所以鬼谷子的秘诀是"勿坚而拒之"，不要与百姓有隔离，要加强与臣属之间的沟通。

由此可知，鬼谷子是强调德治力量的，如果连远方的百姓也心悦诚服，万邦归心，想不得天下也难。

君主的德术重在"正静"，"正静"为柔，为阴，是治民于无为，不是"坚而拒之"。用老子的话说就是，"民不惧死，奈何以死惧之"。

鬼谷子也借此告诫我们，日常生活中与人相交，不要靠拳头，不要靠狠毒。你有拳头，别人的拳头比你大；你狠毒，别人比你更狠毒。积德行善，处处事事为他人着想，你将会有意想不到的收获。观察社会，我们大致可以看出，混得好的多是有人缘的人，有人缘的人大多德高望重。

94

用赏贵信，用刑贵正。赏赐贵信，必验耳目之所闻见，
其所不闻见者，莫不暗化矣。诚畅于天下神明，而况奸
者干君。右主赏。

——《鬼谷子·符言》

寒川子曰

这一节主"赏"，强调君主在治理臣民时如何使用赏、刑。鬼谷子的施教内容是，"赏贵信""刑贵正"。所谓"赏贵信"，就是按照承诺行赏，不要无诺而行赏。"刑贵正"，就是公正，不能让受刑者蒙冤。不公正的判决，将会导致整个社会公信力的塌陷。当下人们不敢搀扶倒地老人的现象，就与多起案件的不公判决有关。

行赏时如何做到信呢？鬼谷子的秘诀是"必验耳目之所闻见"，就是说，凡是得来的见闻，最好深入实际，以耳、目验证。要做到这一步虽然很难，但君上可以对所有的赏罚进行抽查，一旦查到有偷奸耍滑的行为，在验明后就施以重罚，使作奸者不敢试险。

赏与罚在今天大量用于日常生活，在公司里叫激励措施，在家庭里叫教育法则。一旦赏罚不公，公司员工与被教育的孩子就会离心，领导与家长就会失威，轻则出现不和因素，重则导致局面不堪收拾。

95

/ 循道施教口诀

一日天之，二日地之，三日人之。四方上下，左右前后，荧惑之处安在。右主问。

——《鬼谷子·符言》

寒川子曰

这一节主"问"，问针对的是惑。鬼谷子认为，作为君主，必须常问，因为问是沟通的渠道，多问无惑。

君主要问的当然不是小事，是大事，一要问天，二要问地，三要问人，也即做到与天、地、人三者及时沟通，保持不阻。

这儿的"问"应该理解为求知。问天问地，就是向天地求知，与天地沟通，对于君主来说，祭天祭地是大事。问人为政务治理，是与臣属沟通。

日常生活中，问就是提问题，是求知欲强的表现。问也是与人沟通的手段，许多障碍都是不问青红皂白造成的。要善于问，但不能只是问些傻问题。而要做到善问，就要掌握基本常识，因为所有傻问题的诞生都与不懂常识有关。

心为九窍之治，君为五官之长。为善者，君与之赏；为非者，君与之罚。君因其所以求，因与之，则不劳。圣人用之，故能赏之，因之循理，固能久长。右主因。

——《鬼谷子·符言》

寒川子曰

这一节主"因"，强调因果关系在处理政务中的重要意义，尤其是作为君主不能无故行赏、无故施罚，否则，属民就会无所适从，社会就会陷入混乱。

循因究底也是处理日常事务的基本原则。无论多大的事，只有弄明白起因，才能找到解决方案。

97

/ 循道施教口诀

人主不可不周。人主不周，则群臣生乱，家于其无常也。内外不通，安知所开。开闭不善，不见原也。右主周。

——《鬼谷子·符言》

寒川子曰

本节主"周"。周即周密，于君主而言，百官臣属，要照顾到方方面面，就不能偏听偏信，厚此薄彼，一如日月的光华，要普照大地，不能留死角。

无论是游说者献计，还是君主主事，鬼谷子一再强调的是周，是密，是环链中的每一个链条，就今天来说，这也是科学的。今天的社会远比先秦复杂，今天的国际形势也是东周列国所不可比拟的，我们更要照顾周全，必百密而不可出一疏。科技尤甚，航天飞船中任何一个部件出现故障，哪怕只是一颗螺丝钉没有旋紧，都会酿出恶果。

/ 循道施教口诀

一曰长目，二曰飞耳，三曰树明。明，知千里之外，隐微之中，是谓洞天下奸，莫不闇变更。右主恭。

——《鬼谷子·符言》

寒川子曰

此节主"恭"，讲君主在主明的过程中需保持的态度。恭即敬。要想成为明君，就要循因，要循因，就要多问，要问询，态度就要恭，这是一个逻辑链。

恭敬也是基本的绅士精神，态度蛮横只能增加成功的难度。不拒送礼客，不打笑面人，讲的正是恭的力量。

99 / 循道施教口诀

循名而为，实安而完。名实相生，反相为情。故曰：名当则生于实，实生于理，理生于名实之德，德生于和，和生于当。右主名。

——《鬼谷子·符言》

寒川子曰

最后一节主"名"。于君主而言，名太重要了，因为名不正，则言不顺；言不顺，则理不通。

名从实来，名与实是不可分割的。为厘清名与实的关系，鬼谷子给我们总结了一个名、实关系闭环，"名当则生于实，实生于理，理生于名实之德，德生于和，和生于当"。大意是说，名出于实，实出于理，理出于名、实共享的德行，德行出于名、实的和，和出于当，当就是名实相符。

这是一个优美的闭环，环环相扣，首尾相套，丝毫不差。今天的成语"名副其实""名实相符""知行合一"等，原理都在这个环中。

在现实生活中，名实相合太重要了。诸子百家中有一家叫名家，研究的正是名与实，领袖人物是惠施与公孙龙。先秦人将名实相合看得很重，名实分离，就是名声不好，而名声不好是会亡国的。一统天下的秦国二世而亡，就与赵高的指鹿为马有关。